U0626260

寧壽鑑古

〔清〕梁詩正 等撰

民國二年 上海涵芬樓石印寧壽宮寫本

北京燕山出版社

圖書在版編目（ＣＩＰ）數據

寧壽鑑古 / （清） 梁詩正等撰 . -- 北京 :
北京燕山出版社 , 2018.1
ISBN 978-7-5402-5005-8

Ⅰ . ①寧… Ⅱ . ①梁… Ⅲ . ①文物－鑑賞－中國
Ⅳ . ① K87

中國版本圖書館 CIP 數據核字 (2018) 第 052566 號

寧壽鑑古（全三册）

作　　者： 梁詩正 等
責任編輯： 劉朝霞 徐冠軍
封面設計： 何雲飛
出版發行： 北京燕山出版社
社　　址： 北京市豐台區東鐵營葦子坑路 138 號
郵　　編： 100079
電話傳真： 86-10-65240430（總編室）
印　　刷： 三河友邦彩色印裝有限公司
開　　本： 850mm×1168mm　1/16
字　　數： 833 千字
印　　張： 104.25
版　　次： 2018 年 1 月第 1 版
印　　次： 2018 年 1 月第 1 次印刷
書　　號： ISBN 978-7-5402-5005-8
定　　價： 3600. 00 元（全三册）

版權所有　侵權必究

出版説明

現代漢語用『圖書』表示文獻的總稱，這一稱謂可以追溯到古史傳説時代的河圖、洛書。在從古到今的文化史中，圖像始終承擔著重要的文化功能。傳説時代的大禹『鑄鼎象物』，將物怪的形象鑄到鼎上，使『民知神奸』。在《周易》中也有『製器尚象』之説。一般而論，文化生活皆有其對應的物質層面的表現。在中國古代文獻研究活動中，學者也多注意器物、圖像的研究，如《詩》中的草木、鳥獸，《山海經》中的神靈物怪，禮儀中的禮器、行禮方位等，學者多畫爲圖像，與文字互相發明，成爲經學研究中的『圖説』類著述。又宋元以後，庶民文化興起，出版業高度發達，版刻印刷益發普及，在普通文獻中也逐漸出現了圖像資料，其中廣泛地涉及植物、動物、日常的物質生産程序與工具、平民教化等多個方面，其中流傳至今者，是我們瞭解古代文化的重要憑藉，通過這些圖文並茂的文本，讀者可以獲得對古代文化生動而直觀的感知。爲了方便讀者利用，我們將古代文獻中有關圖像、版畫、彩色套印本等文獻輯爲叢刊正式出版。

本編選目兼顧文獻學、古代美術、考古、社會史等多種興趣，範圍廣泛，版本選擇也兼顧古代東亞地區漢文化圈的範圍。圖像在古代社會生活中的一大作用涉及平民教化，即古人所謂的『圖像古昔，以當箴規』（語出何宴《景福殿賦》），明清以來，民間勸善之書，如《陰騭文》《閨範》等，皆有圖解，其中所宣揚的古代道德意識中的部分條目固然爲我們所不取，甚至是應該批判的對象，但其中多有精美的版畫，除了作爲古代美術史文獻以外，由此也可考見古代一般平民的倫理意識，實爲社會史研究的重要材料。

本編擬目涉及多種類型的文獻，玆輯爲叢刊，然亦以單種別行爲主，只有部分社會史性質的文本，因爲篇卷無多，若獨立成册則面臨裝幀等方面的困難，則取同類文本合爲一册。文獻卷首都新編了目録以便檢索，但爲了避免與書中内容大量重複，無謂地增加篇幅，有部分新編目録視原書目録爲簡略，原書目録中有部分條目與實際對應的正文略有出入，新編目録略微作了更訂。又有部分文本性質特殊，原書中本無卷次目録之類，則約舉其要，新擬條目，其擬議未必全然恰當。所有文獻皆影印，版式色澤，一存古韻。

目録（十六卷）

第三册

寧壽鑑古

癸丑冬月涵芬樓依
寧壽宮寫本影印

寧壽鑑古總目

敦 四器

簠 三器

簋 三器

豆 六器

鋪 一器

卷十二

甗 二十器

鐙 三器

鬲 一十二器

鍑 一器

盉七器
冰鑑四器
匜二十四器

卷十三

盤五器
洗一十五器
盂一器
瓿七器
缶一器
盦三器

鐎斗一器
奩九器
鑵五器
臼一器
卷十四
鐘五器
鐸一器
鈴二器
戚一器
鐃二器

戈一器
弩機一器
帳構一器
杖頭一器
鐓六器
鳩車一器
表座六器
登足一器
硯滴三器
書鎮三器

寧壽鑑古卷一目録

鼎一

商

父辛鼎三 有銘

亞虎父乙鼎 有銘

周

文王鼎一 有銘

文王鼎二 有銘

乙公鼎 有銘

唐叔鼎 有銘

康鼎 有銘

伯鼎一 有銘

伯鼎二 有銘

樂司徒鼎 有銘

孟姬鼎 有銘

立戈鼎 有銘

乳鼎

雔鼎

饕餮鼎一

饕餮鼎二

饕餮鼎三

饕餮鼎四

饕餮鼎五

商己癸鼎

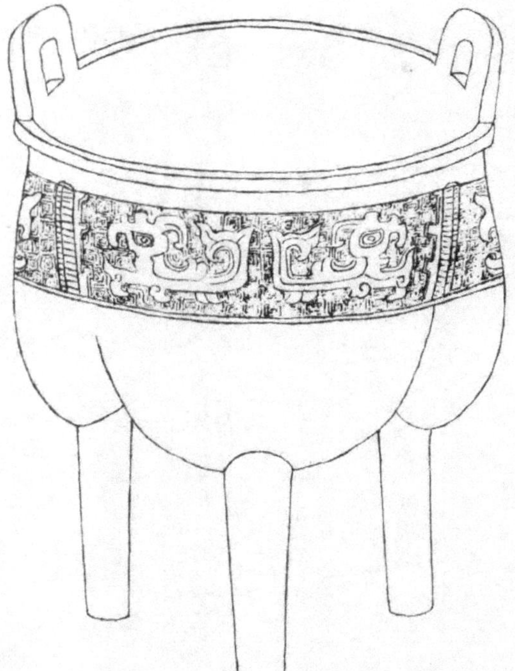

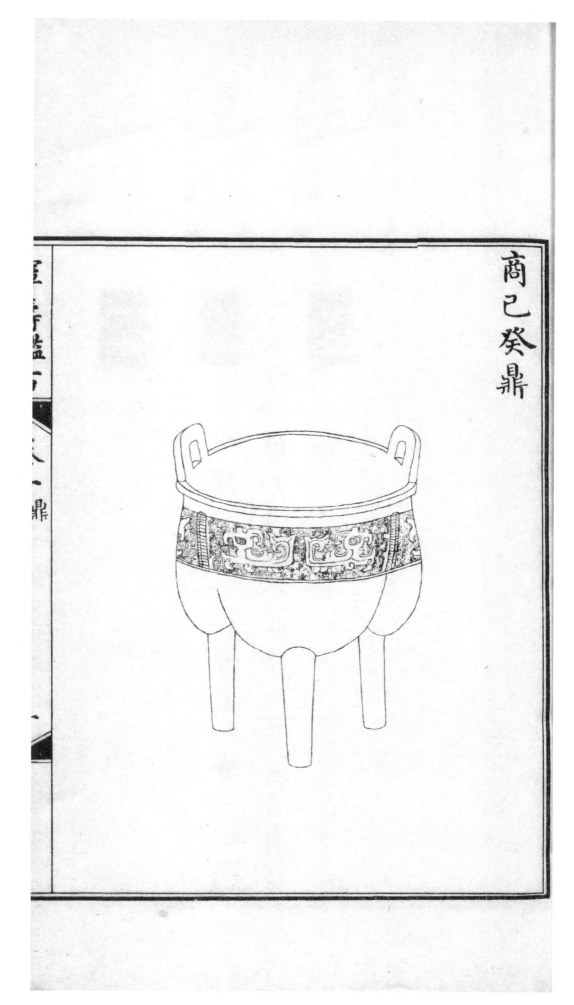

己癸

右高五寸一分深三寸一分耳高一寸一分闊一寸四分口徑四寸九分腹圍一尺五寸五分重六十兩

商父丁鼎一

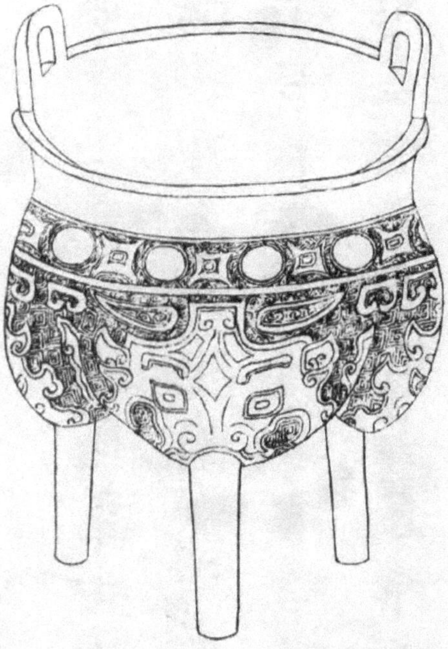

子
蜼形
父丁

右高六寸四分深三寸四分耳高一寸二分濶一寸六分口徑六寸三分腹圍一尺九寸重九十八兩銘文子字下作蜼形爾雅蜼印鼻而長尾虞書宗彝用虎蜼蓋虎取其孝蜼取其智黃伯思蜼敦說曰智足以灼見俊心而知之故得忠臣嘉賓而饗之然後得盡其心而成禮此以蜼銘鼎之意也

商父丁鼎二

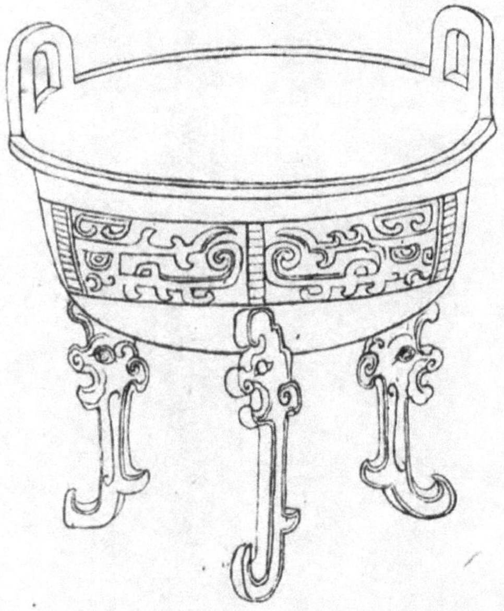

○父丁

右高四寸一分深一寸九分耳高一寸濶一寸口徑四寸四分腹圍一尺三寸重二十四兩父丁上一字不可識

商父庚鼎

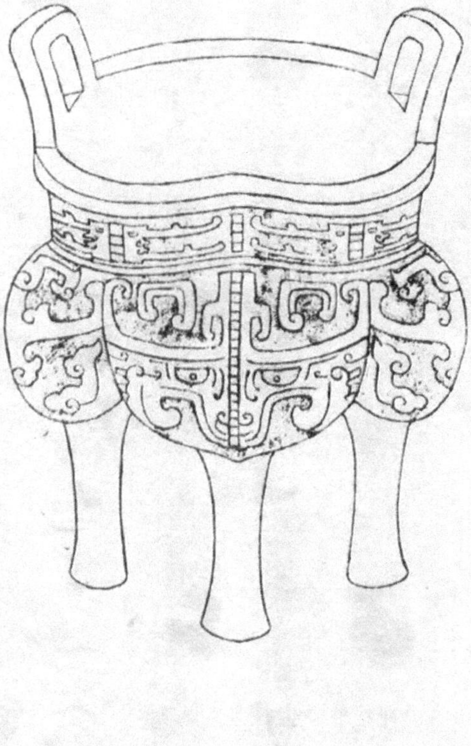

父庚室形中子執干形

右高五寸二分深二寸六分耳高一寸二分濶一寸三分口径四寸八分腹圍一尺五寸八分重五十兩銘于父庚下作屋室形内象手執干宋博古圖載商若癸鼎於亞形中作㸚文亞亦廟室執干者取象文舞也

商戊己鼎

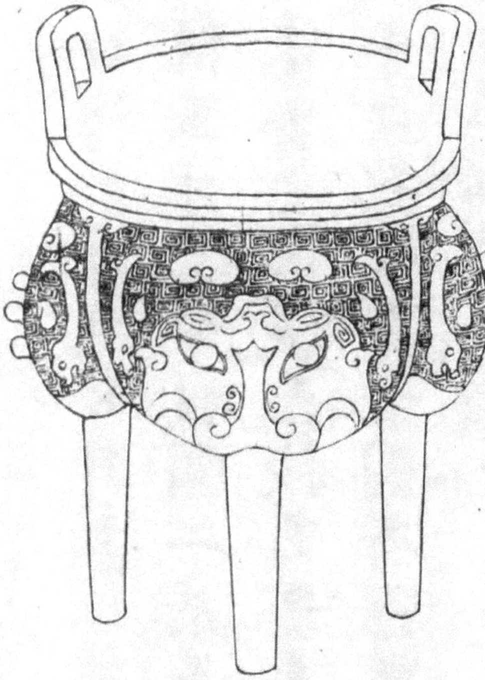

戊己

右高五寸五分深二寸九分耳高一寸二分濶一寸三分口徑五寸三分腹圍一尺七寸五分重六十八兩鋈金文曰戊己按商器多銘以十干亦有以兩干並銘者考古圖有己丁敦鐘鼎款識有父戊丁爵斯即其類也

商父辛鼎一

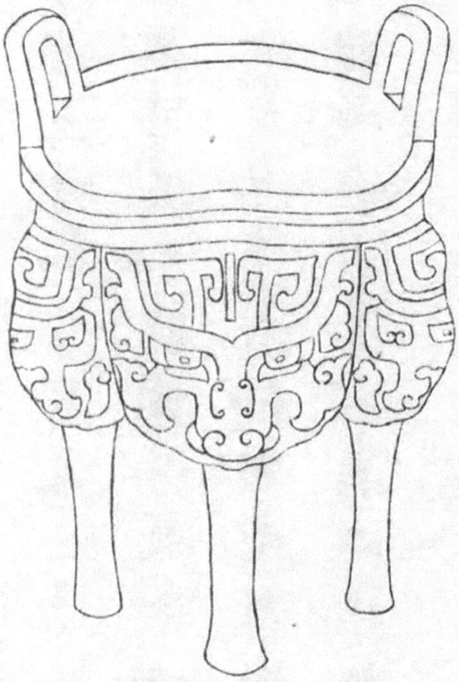

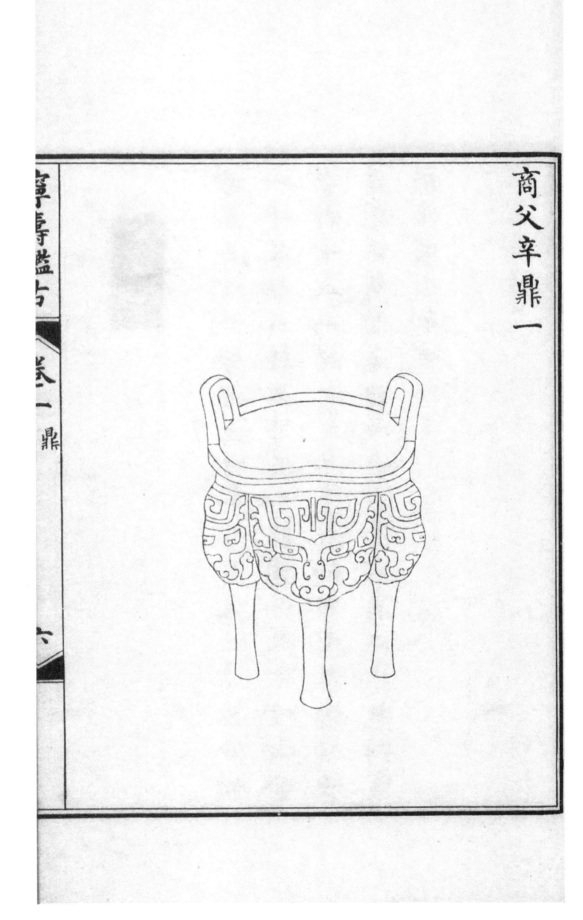

仲父辛

右高五寸六分深三寸一分耳高一寸三分闊一寸五分口徑五寸五分腹圍一尺六寸七分重六十八兩銘文父辛上有仲字考薛尚功鐘鼎款識載商孟祖辛彝云孟言名或氏也此言仲亦孟之例耳

商父辛鼎二

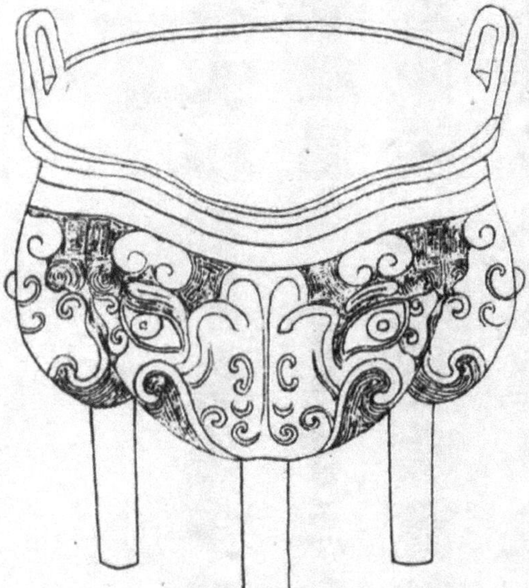

兕形 父
中 辛
兕形

右高五寸深二寸九分耳高一寸濶一寸二分
口径五寸二分腹圍一尺七寸二分重六十兩
鼎銘中者古文仲字也兕乃猛獸郭璞以為皮
充武備角昭文德古人製器尚象如此

商父辛鼎三

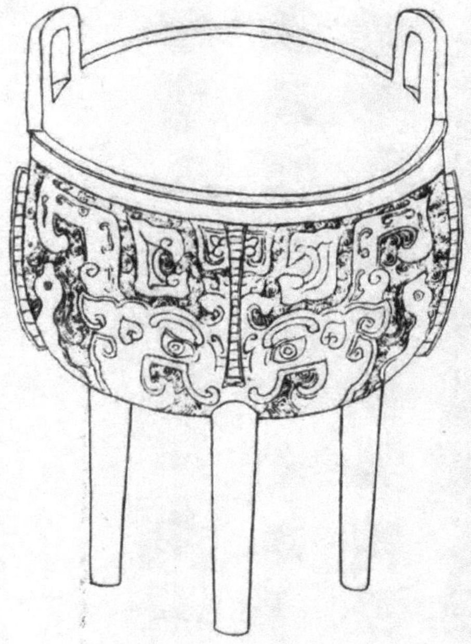

宥作父辛尊彝 亞形中弓矢

右高五寸五分深三寸二分耳高一寸二分濶一寸四分口徑五寸腹圍一尺五寸九分重四十四兩薛尚功鐘鼎款識載伯暎彝銘曰右伯映作宥作寶尊彝謂伯映為周人則宥非人名可知案文子三皇五帝有勸戒之器命曰宥巵又宥與侑通周禮王大食三侑皆令奏鐘鼓所

謂以樂侑食也則兹鼎之銘或取宗廟中侑食之義亞形中作弓矢形者舊説皆謂旌武功或其先人所嗜好子孫以志不忘云

商亞虎父乙鼎

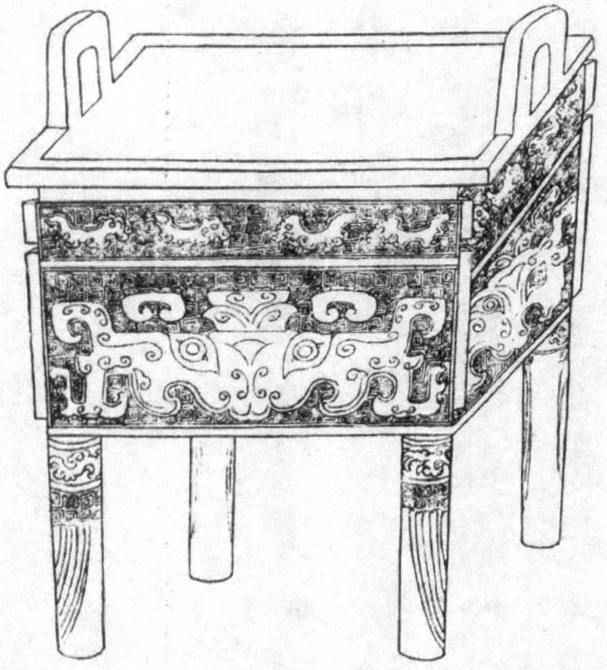

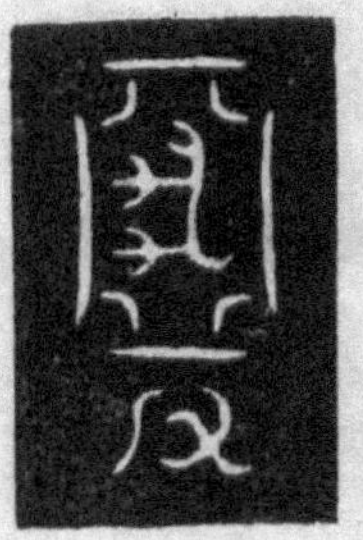

亞形中虎父乙

右高八寸五分深四寸六分耳高一寸九分濶二寸口縱六寸四分橫八寸二分腹縱五寸一分橫七寸重一百九十二兩亞廟室也左傳杜預注所謂宗廟中藏主石室者也王俅嘯堂集古錄有商亞虎父丁鼎篆法與此相類享禮形鹽亦作虎而司尊彝用虎以為追享盛明水之

器則虎之取義或以此

周文王鼎一

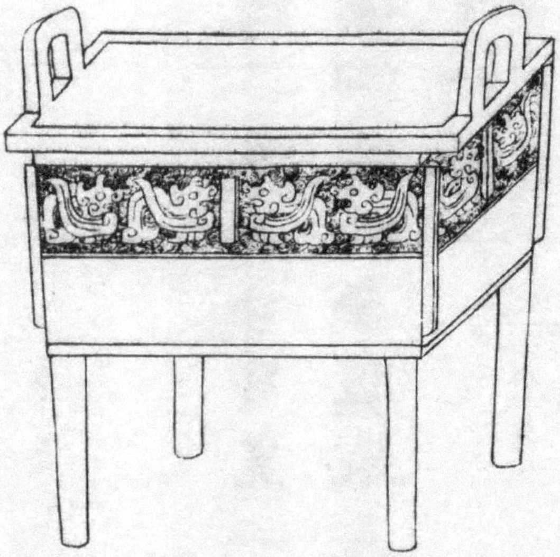

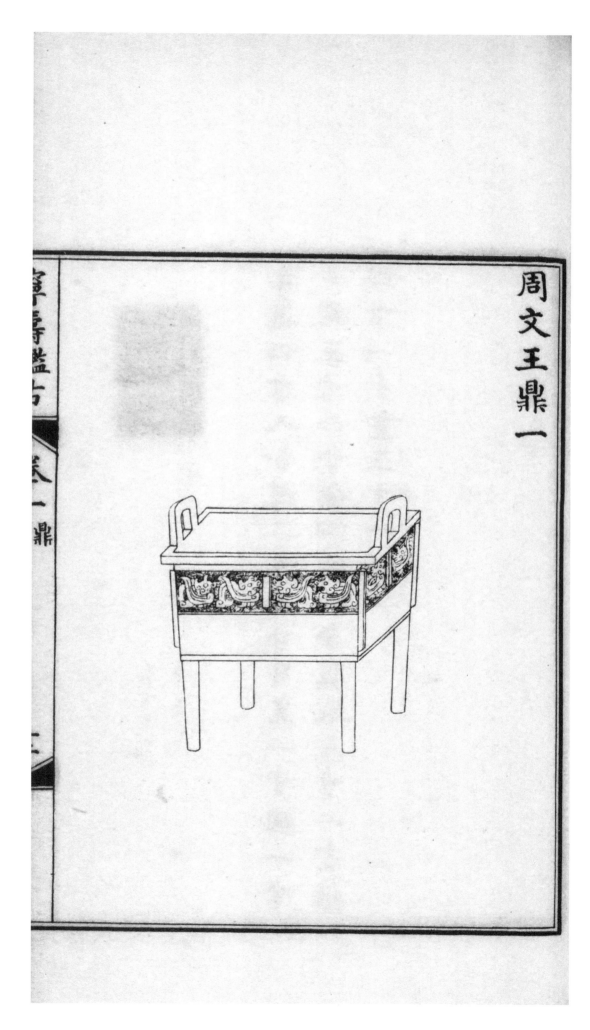

魯公作文王尊彝

右高四寸八分深二寸五分耳高一寸濶一寸口縱三寸六分横四寸六分腹縱三寸一分横四寸一分重三十一兩

周文王鼎二

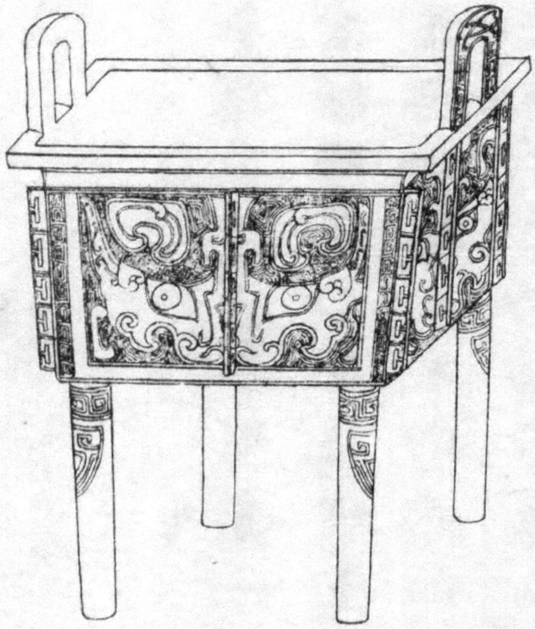

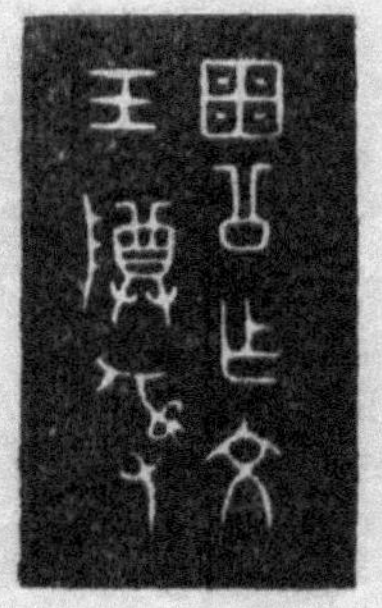

魯公作文
王尊彝

右高五寸八分深二寸九分耳高一寸五分濶一寸五分口縱四寸一分橫五寸三分腹縱三寸二分橫四寸四分重九十四兩金銀錯鼎之飾也諸侯以白金天子以黃金魯以諸侯而祖天子故其飾如此云

周乙公鼎

乙公作
萬壽
尊鼎子=
孫=永
寶用之

右高六寸五分深三寸八分耳高二寸一分濶一寸九分口徑一尺二分腹圍二尺九寸五分重二百一十六兩史記齊世家丁公之子乙公是乙公乃太公之後而君於齊也此鼎較博古録所載乙公鼎增萬壽用之四字餘文悉同

周唐叔鼎

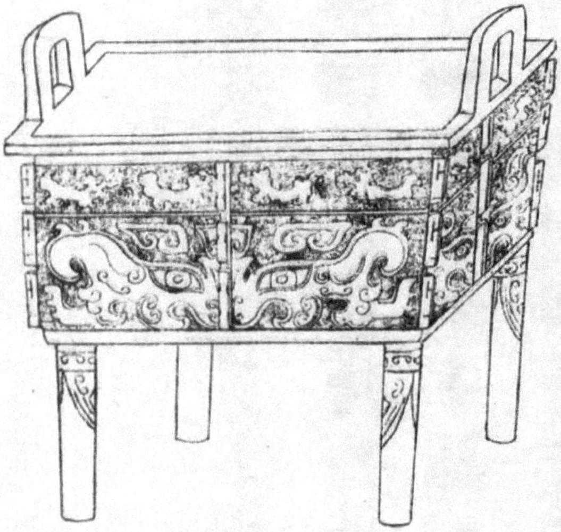

唐叔作寶彝

右高五寸二分深二寸八分耳高一寸二分濶一寸四分口縱四寸七分橫六寸三分腹縱三寸七分橫五寸四分重七十四兩周成王封太叔於唐史記所謂唐叔得嘉穀成王命以餽周公作餽禾周公受禾嘉天子命作嘉禾是也傳子燮改國號曰晉稱唐叔知為叔虞無疑鼎銘

尊彝者多此銘寶彝言法度之器永為世寶耳

周康鼎

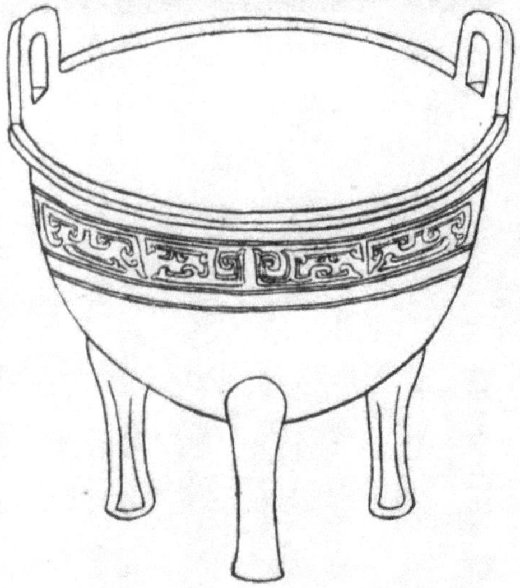

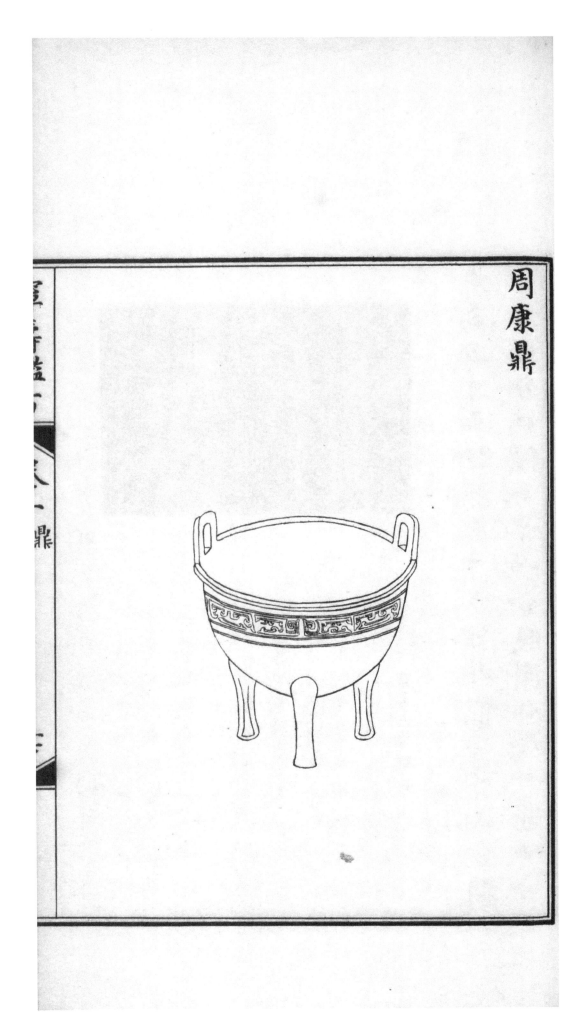

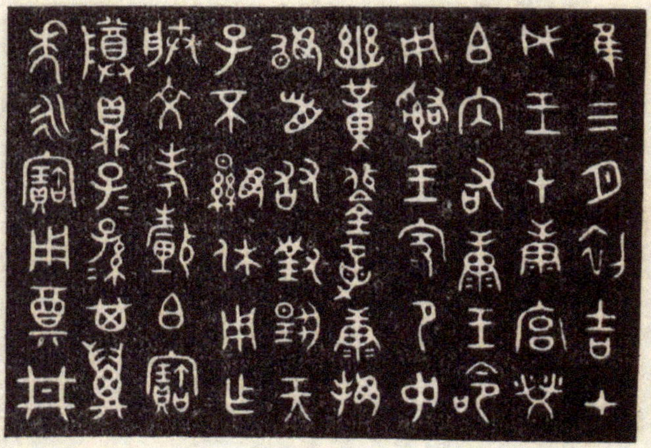

唯三月初吉甲
戌王在康宮艾
伯內右康王命
用治王家○女
幽黃鋚革康○
稽首敢對揚天
子丕顯休用作
朕文考釐伯寶
尊鼎子：孫：其萬
年永寶用鄭邢

右高五寸五分深三寸六分耳高一寸二分闊一寸五分口徑七寸一分腹圍二尺一寸一分

重八十八兩銘云王在康宮者如考古圖宰辟父敦銘王在辟宮郁敦王在周邵宮之類也艾伯二字見敔敦又師⿺乚咅敦銘有艾內右之文內右與入右同義敔敦牧敦並云入右郁敦云毛伯內門立中廷右說文內入也周禮天官職內注云主入也嗣古文孝經治字見施宿石鼓文注王家寍字見古文奇字女上一字不可辨幽黃無据禮玉藻一命緼紱幽衡注幽同黝黑色也衡佩玉之衡也此云幽黃或即元黃之義鋚革玉篇鞗亦作鋚康下一字無考鼇伯二字見

[illegible]鼎末綴鄭邢二字其義未詳

周伯鼎一

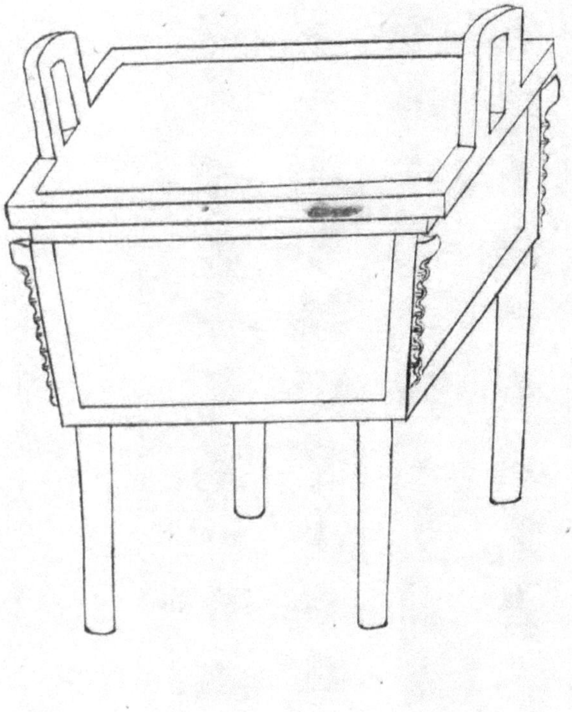

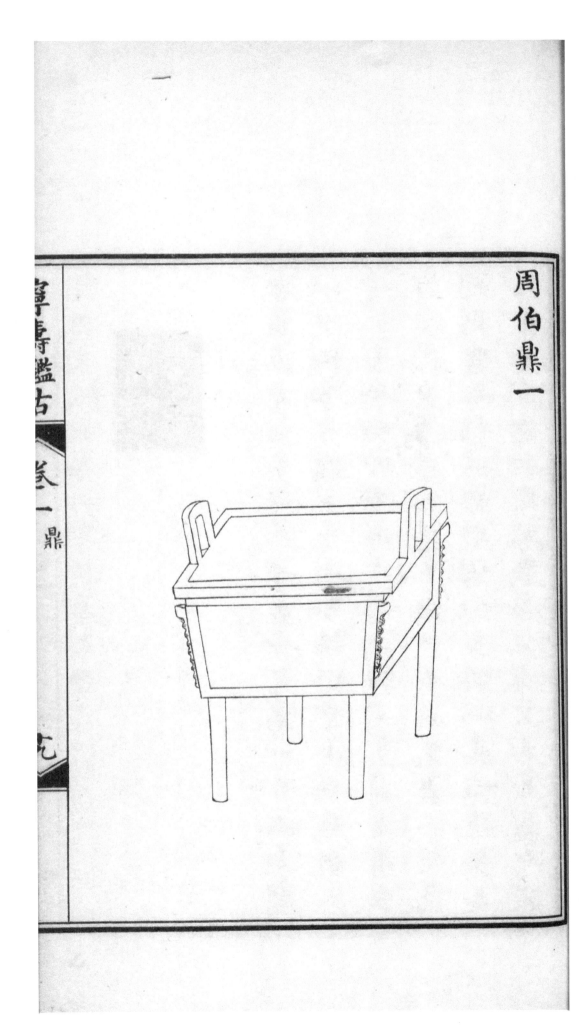

伯作文
王尊鼎

右高五寸二分深二寸五分耳高一寸二分濶
一寸四分口縱三寸七分橫四寸七分腹縱二
寸八分橫四寸重七十二兩按周文鼎多有文
曰公作文尊彝西清古鑑中載此文者二公為
周列爵之稱此鼎曰伯似亦同例其曰作文王
尊鼎者與博古圖所載魯公作文王尊彝之文

同例也

周伯鼎二

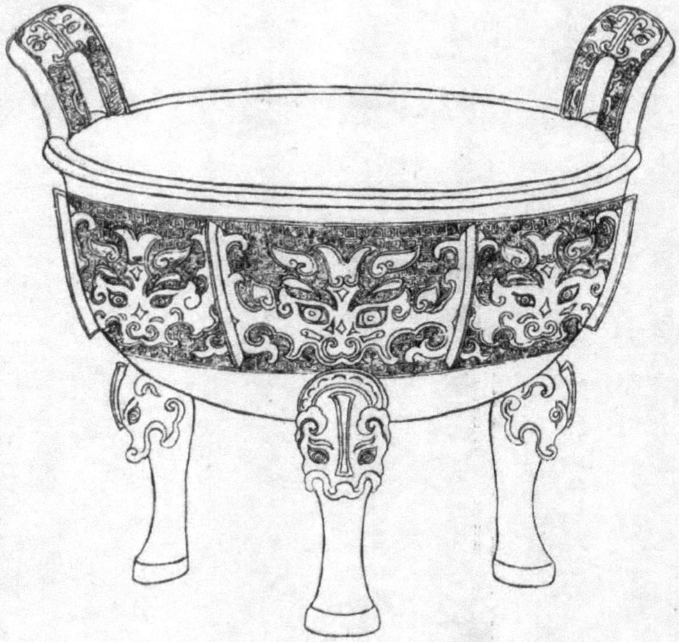

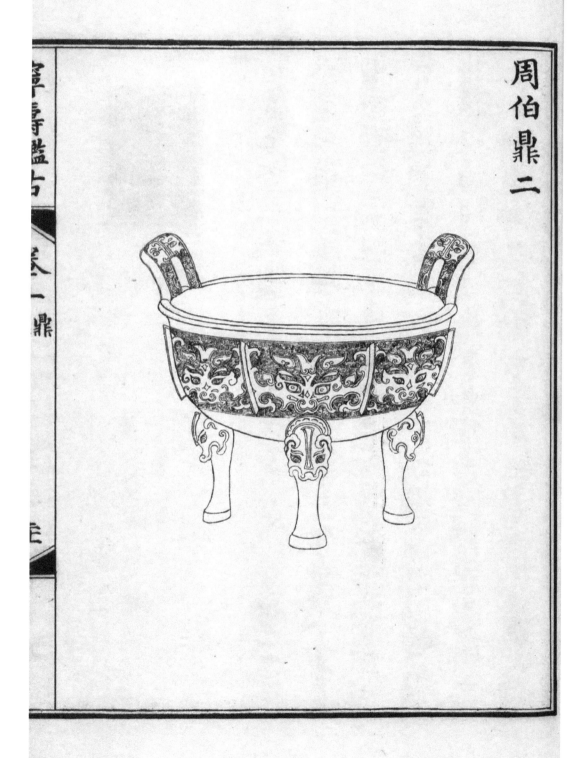

伯作寶
尊彝

右高九寸一分深五寸耳高三寸八分濶二寸八分口徑一尺二寸五分腹圍三尺五寸五分重四百三十二兩金銀錯與鐘鼎款識所載伯寶卣銘詞篆法相同當是一時物薛尚功於伯鼎銘曰伯仲之次也案古有侯伯則伯爲爵名又方伯宗伯伯爲官名且有伯宗伯州犂皆伯

益之後則伯又爲姓未可槩指爲伯仲也

卷一

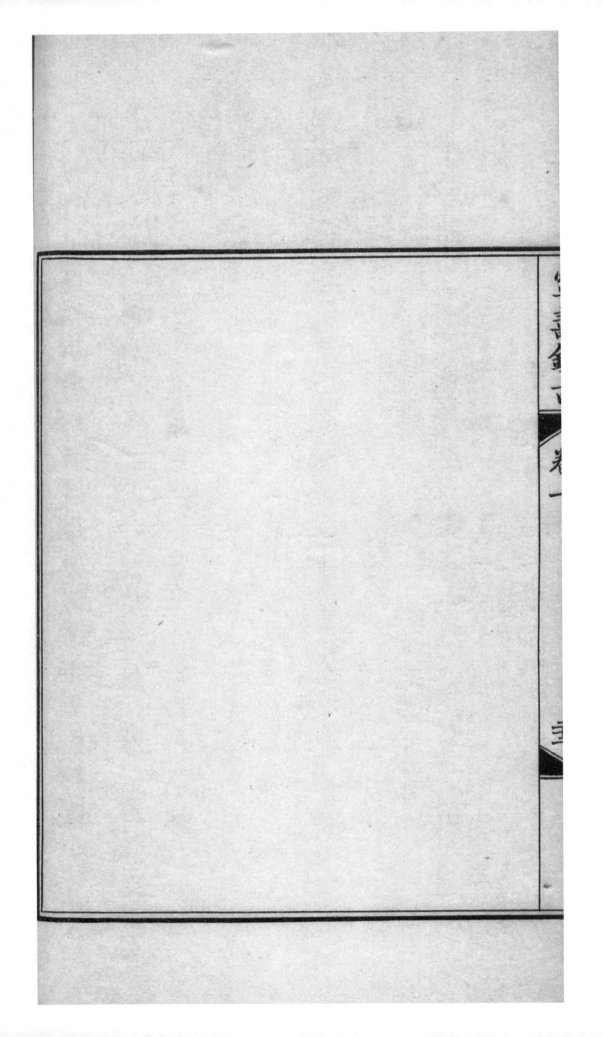

周子鼎一

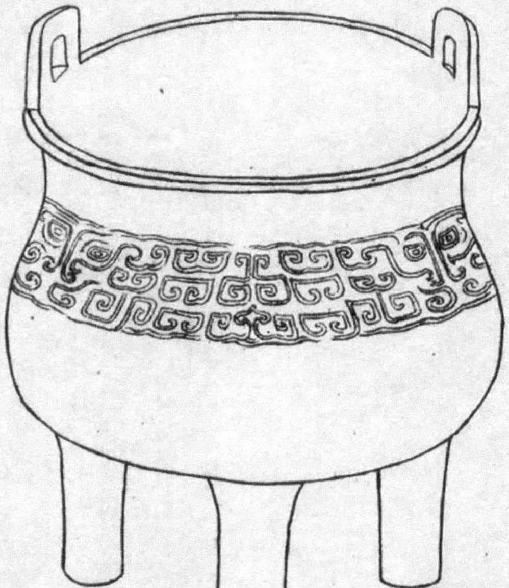

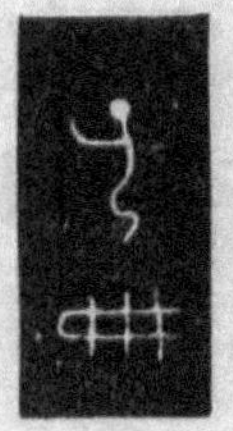

子冊

右高四寸五分深二寸九分耳高一寸濶一寸
二分口徑四寸五分腹圍一尺四寸二分重三
十八兩

周子鼎二

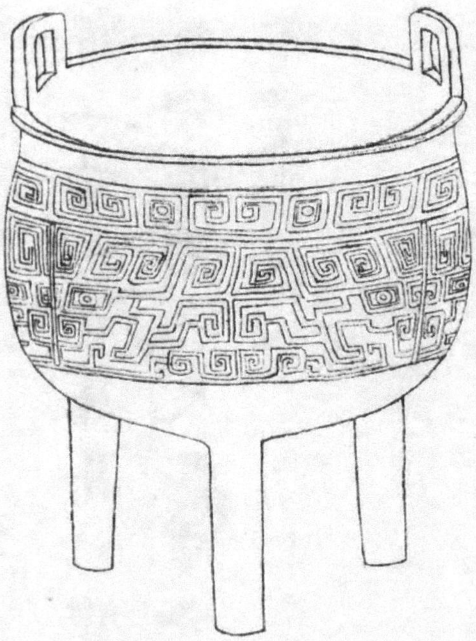

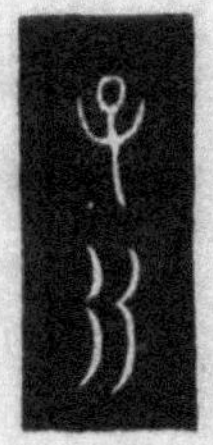

子〇

右高五寸二分深三寸二分耳高一寸濶一寸二分口徑四寸九分腹圍一尺五寸八分重三十八兩子下一字漫漶

周名父鼎

亞形中名父

右高五寸一分深二寸八分耳高一寸三分濶一寸四分口縱四寸四分橫五寸四分腹縱三寸六分橫四寸七分重六十四兩金錯銘文亞形中名甫二字甫即父字周有名父彝薛尚功鐘鼎款識云名父即名公彝也

周魯鼎

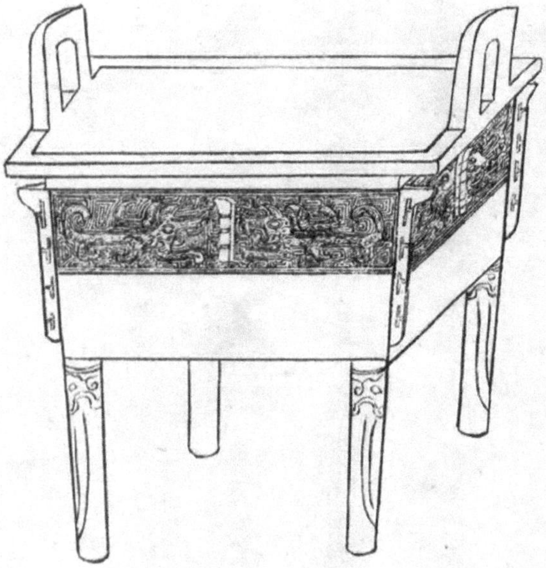

魯公作彝

右高五寸六分深三寸耳高一寸七分濶一寸四分口縱四寸五分横五寸五分腹縱三寸六分横四寸六分重七十兩

周曼仲鼎

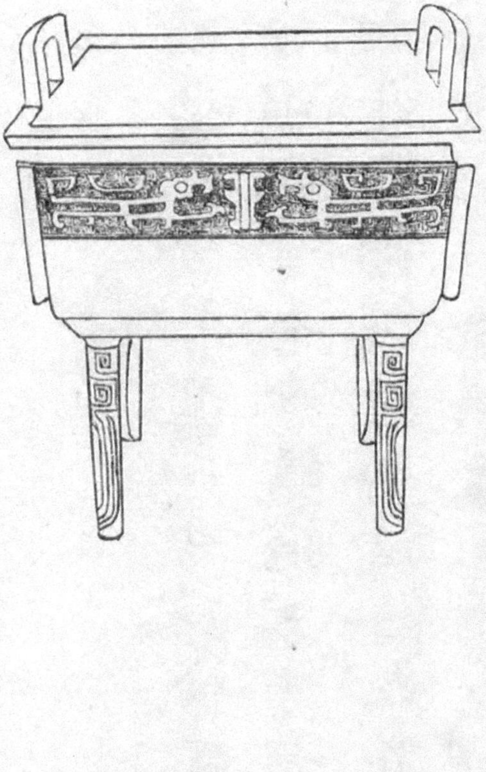

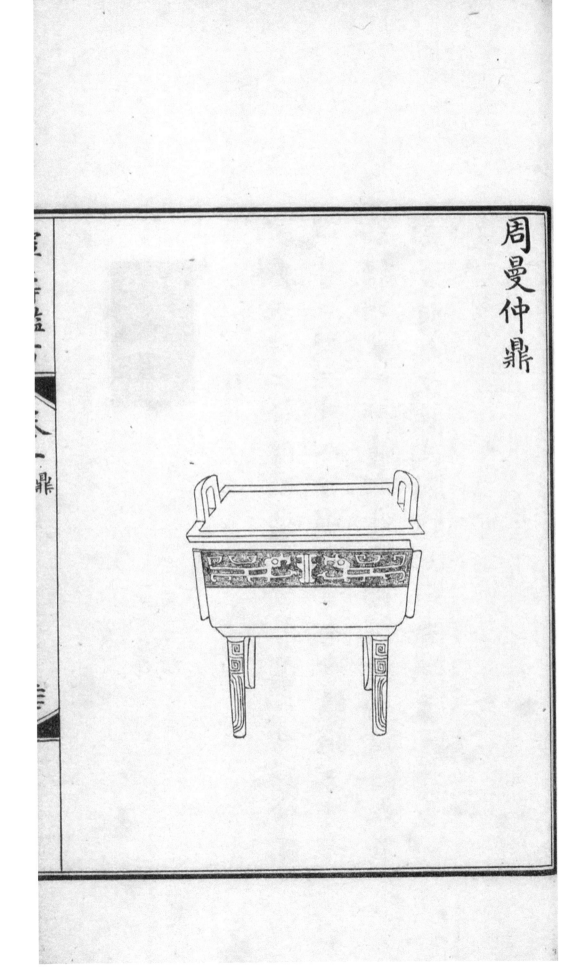

皐作儇仲
寶尊彝

右高五寸二分深二寸八分耳高一寸一分濶一寸口縱三寸八分橫四寸八分腹縱三寸一分橫四寸一分重四十二兩謹按西清古鑑載周曼仲鼎文與此同惟皐字有缺筆此鼎文獨全

周太保鼎

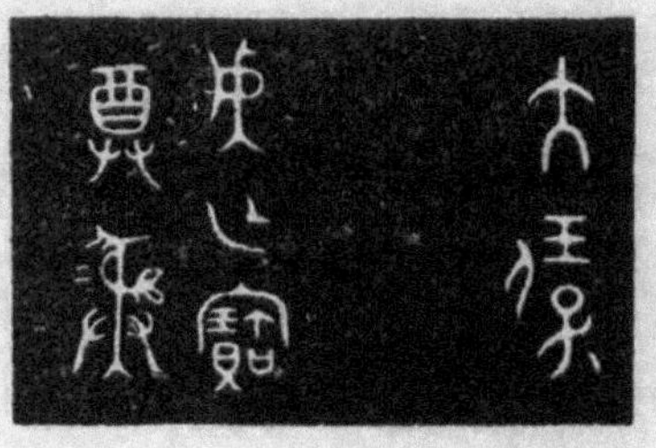

太保
虎作寶
尊彝

右高六寸一分深二寸二分耳高一寸四分濶一寸三分口縱四寸五分橫五寸五分腹縱三寸三分橫四寸三分重七十四兩銘凡二太保二字在腹太保𠈃字見摭古遺文江漢之詩曰

王命召虎来旬来宣文武受命召公維翰又曰釐爾圭瓚秬鬯一卣告于文人錫山土田于周受命自召祖命毛傳云召虎召穆公也召公太保召康公也鄭箋云召康公名奭召虎之始祖也宣王欲尊顯召虎使虎受山川土田之賜命用其祖召康公受封之禮是鼎當是虎受賜因作鼎以祭其始祖太保召公奭也

周向鼎

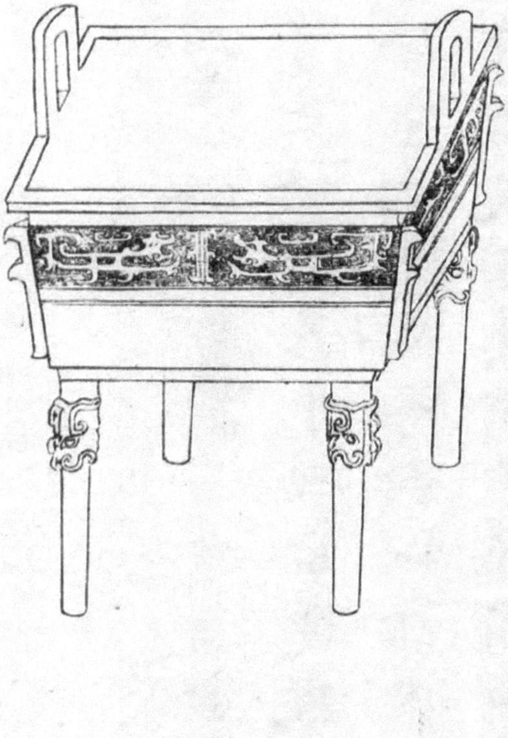

向作乃
尊彝
析子孫

右高五寸六分深二寸八分耳高一寸三分濶一寸三分口縱四寸三分橫五寸四分腹縱三寸六分橫四寸五分重六十六兩向似作器者之名與韋鼎銘云韋作父丁彝析子孫同例舊説析子孫為貽厥子孫之意吕大臨考古圖則云析當作祈祈謂祈祝為子孫所有事也義亦可

通

寧壽鑑古 卷一

周亞鼎

亞形格上三矢
中尊摹

右高五寸八分深三寸耳高一寸濶一寸三分
口徑五寸一分腹圍一尺六寸五分重五十兩

周舉鼎

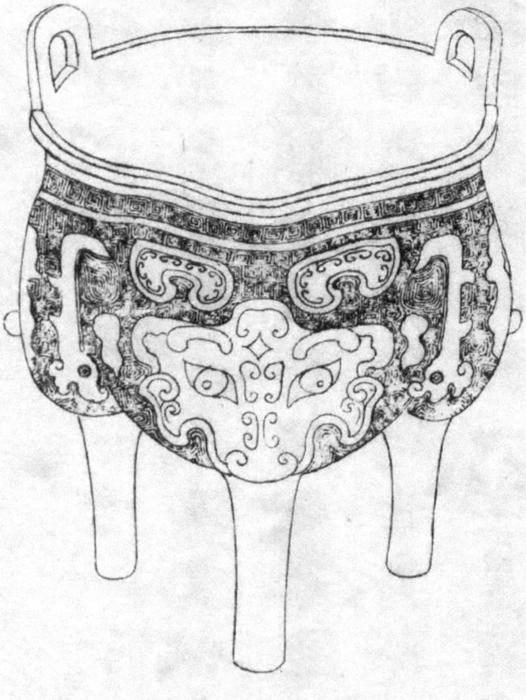

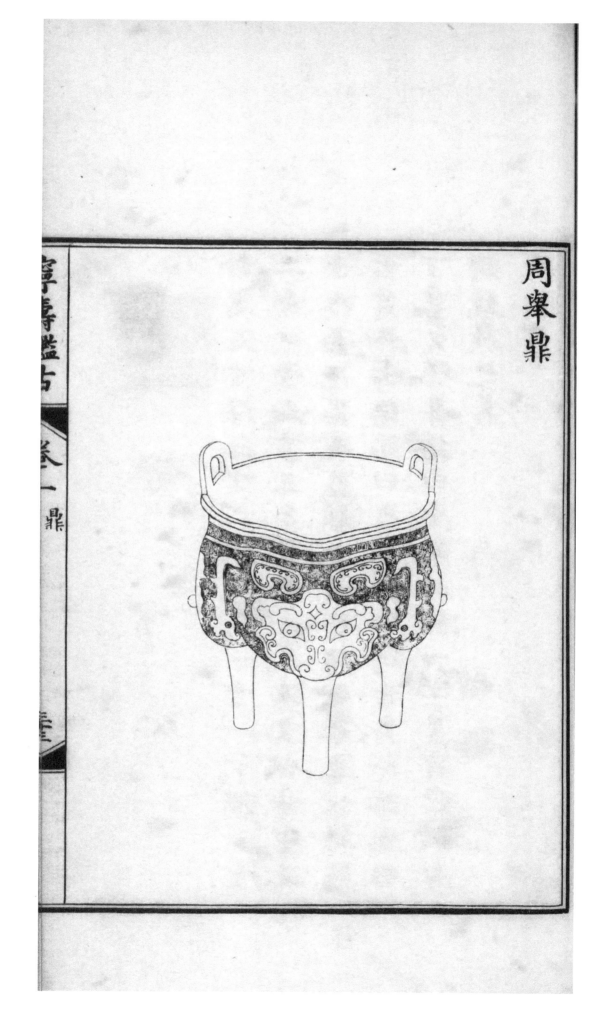

舉

右高五寸深三寸二分耳高一寸一分濶一寸二分口徑五寸三分腹圍一尺五寸八分重五十八兩凡器之可舉者古皆謂之舉李公麟得古爵於壽陽銘曰己舉王价得古爵於洛銘曰丁舉父癸尊銘曰中舉此銘一字蓋與銘拱者同致敬之義

周寶鼎

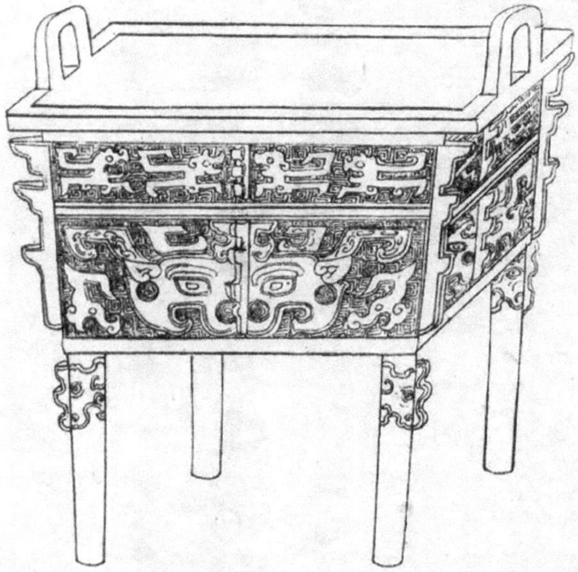

寶尊

右高七寸深三寸八分耳高一寸六分濶一寸七分口縱五寸橫六寸五分腹縱四寸橫五寸五分重一百八兩金銀錯

周樂司徒鼎

樂大司徒
子象之子
○作○○
其眉壽子〻
孫〻永寶用

右高四寸九分深二寸六分耳高一寸一分闊一寸三分口縱四寸一分橫五寸腹縱三寸四分橫四寸三分重七十二兩銘文有漫漶處全體與博古圖所載周樂司徒卣同按古器中一銘兩用者如太師小子師望作䵼彝既用於敦

又用於簋單同作從彝既用於鼎又用於彝俱
見鐘鼎欵識

周孟姬鼎

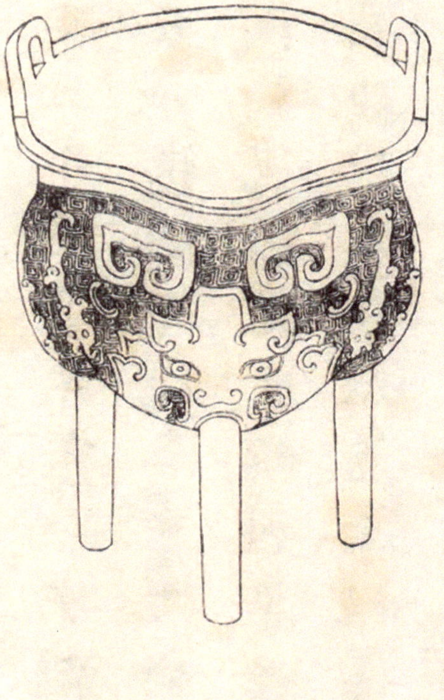

作孟姬

右高四寸七分深二寸四分耳高一寸濶一寸一分口徑四寸五分腹圍一尺三寸九分重三十四兩按鄭樵氏族畧云孟氏姬姓魯桓公子慶父之後也鐘鼎款識有叔姬簠季姬匜

周立戈鼎

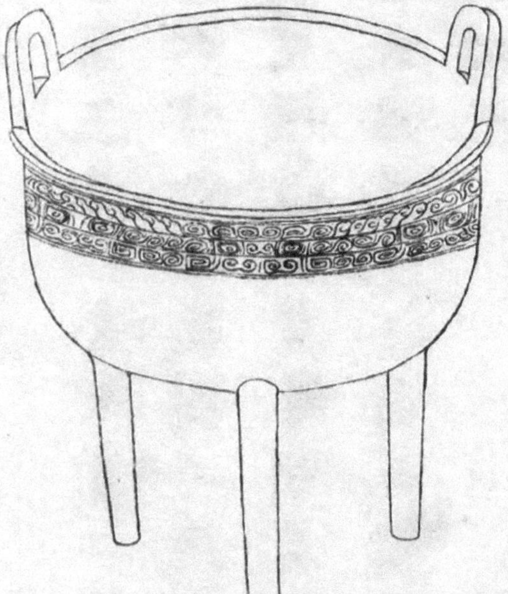

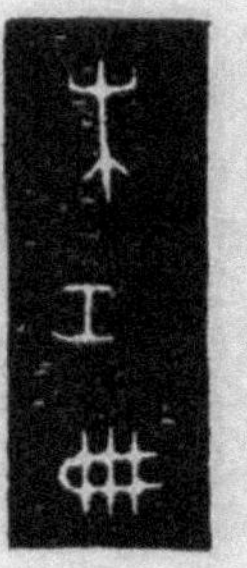

立戈形　○　册

右高六寸四分深三寸四分耳高一寸五分闊一寸七分口徑六寸六分腹圍一尺九寸三分重六十兩案立戈橫戈王楚集韻並釋爲子孫字呂氏考古云大者爲子小者爲孫蓋欲世世承之所以銘武功也

周乳鼎

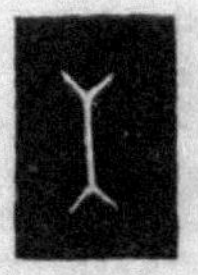

右高六寸四分深三寸耳高一寸二分濶一寸四分口縱四寸五分横五寸四分腹縱三寸四分横四寸四分重八十两

周蜼鼎

寧壽鑑古　卷一　鼎

右高七寸九分深五寸三分耳高一寸八分闊二寸口徑七寸九分腹圍二尺六寸二分重一百五十四兩繩耳凡夔螭饕餮諸紋衹肖其首此作全蜼形與他鼎異

周饕餮鼎一

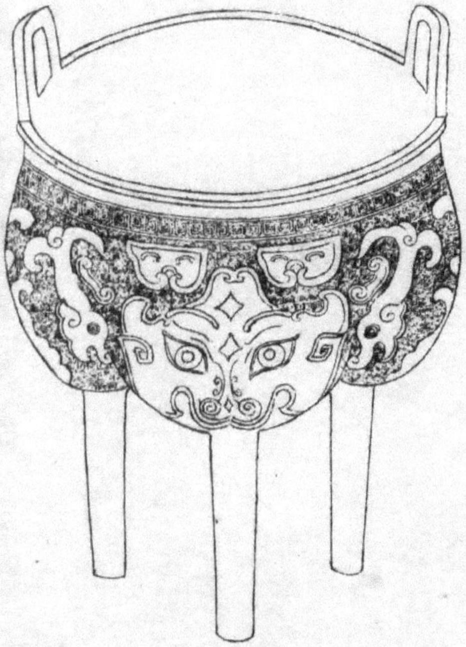

右高五寸四分深二寸七分耳高一寸一分闊一寸二分口徑五寸二分腹圍一尺六寸八分重五十六兩銘文剥蝕不可考

周饕餮鼎二

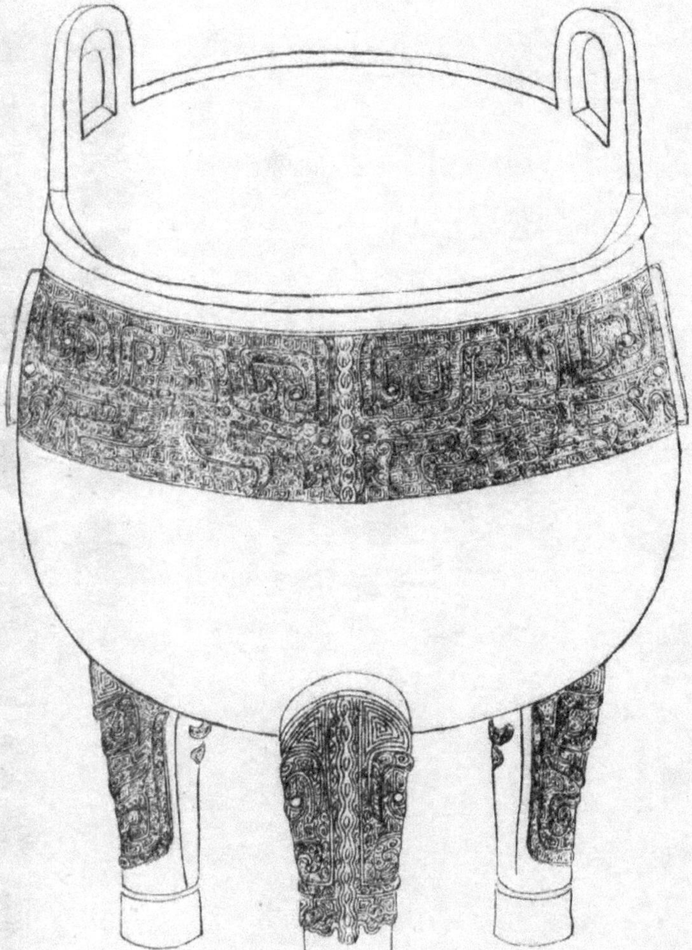

右高一尺二寸八分深七寸八分耳高二寸九分濶三寸七分口徑一尺一寸二分腹圍三尺六寸七分重六百六十四兩

周饕餮鼎三

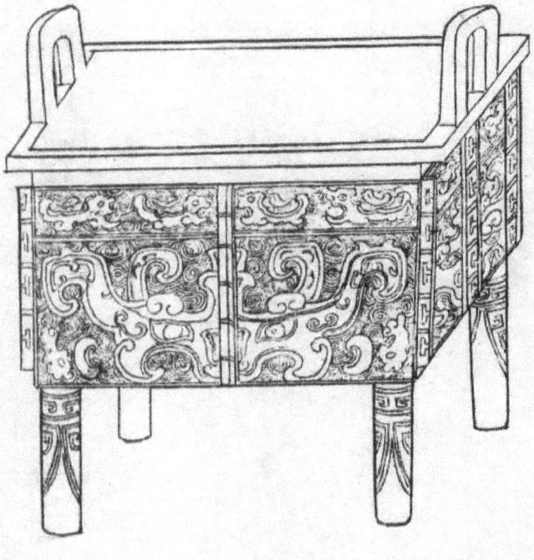

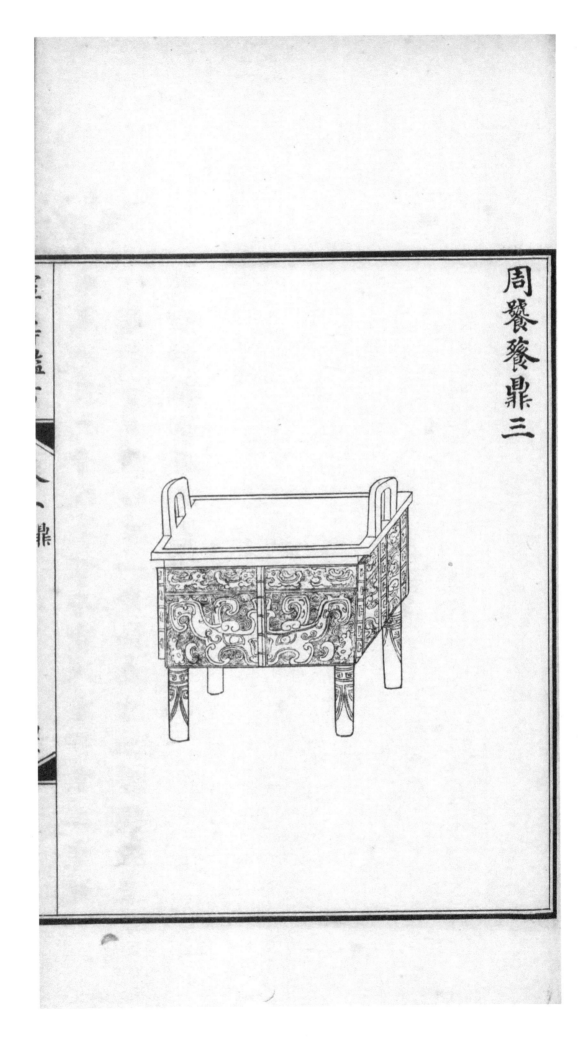

右高四寸九分深三寸二分耳高一寸二分闊一寸四分口縱四寸一分橫五寸二分腹縱三寸四分橫四寸五分重六十四兩

周饕餮鼎四

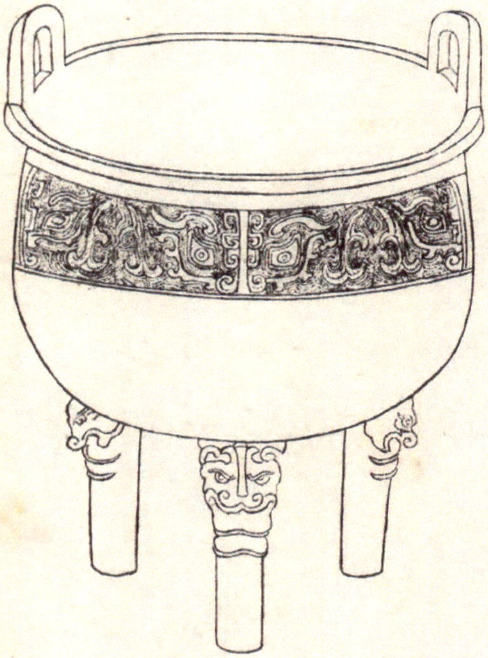

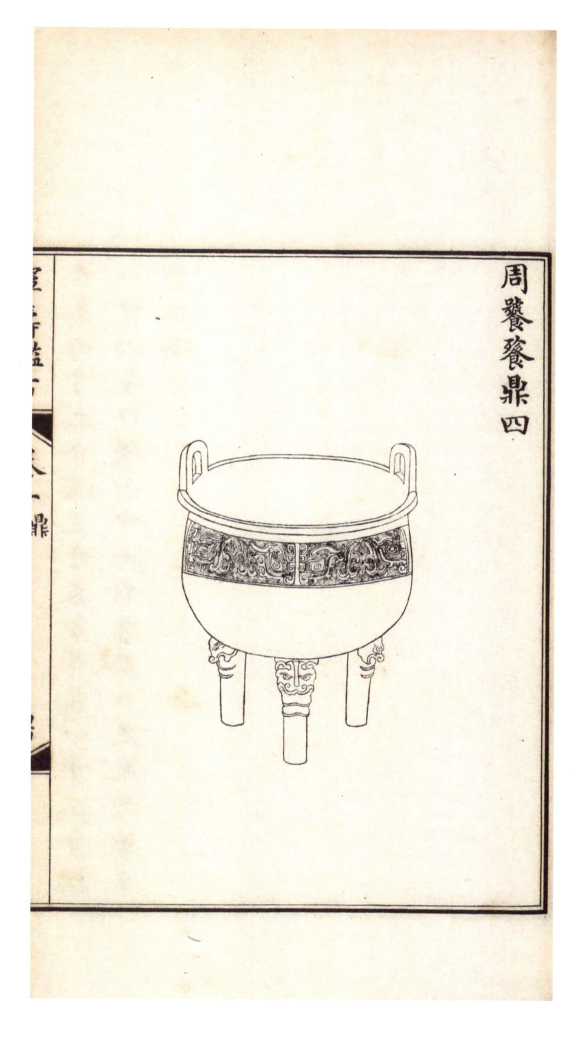

右高六寸二分深三寸五分耳高一寸三分濶一寸六分口徑六寸三分腹圍一尺九寸重七十二兩

周饕餮鼎五

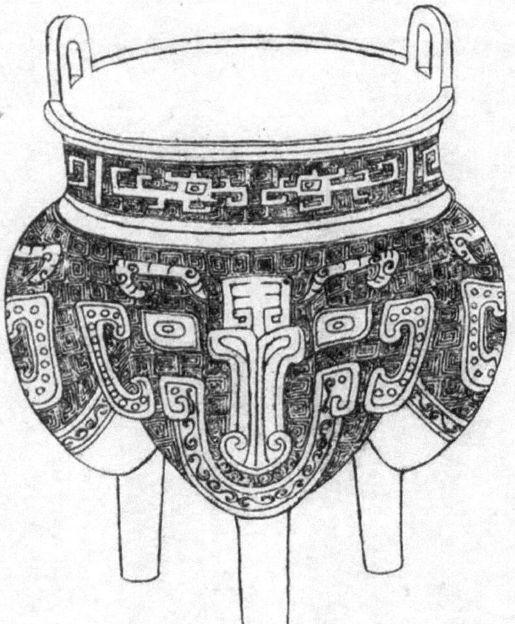

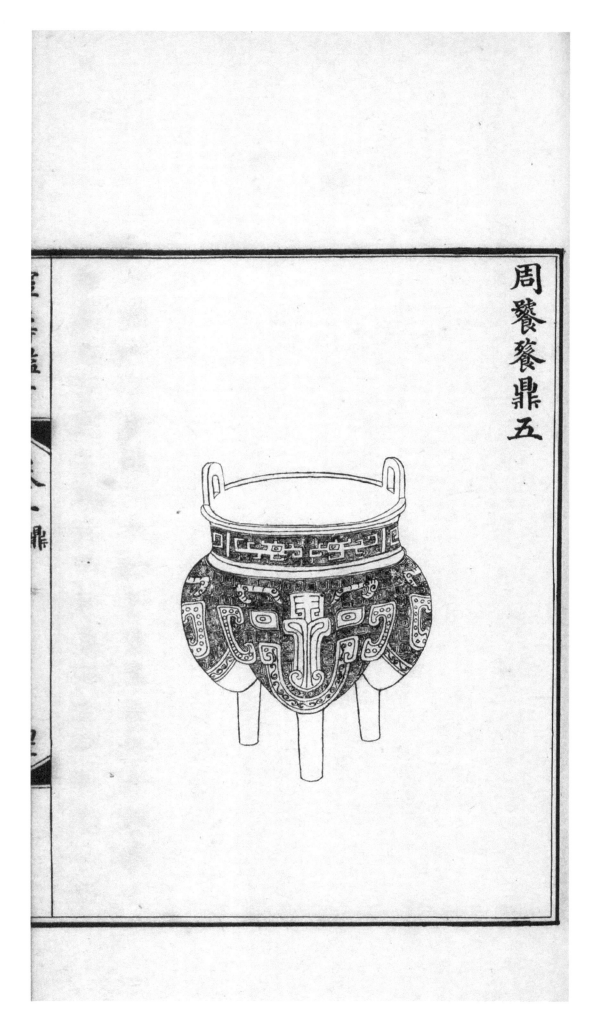

右高五寸深三寸六分耳高一寸濶一寸一分
口徑四寸腹圍一尺四寸七分重三十八兩

周饕餮鼎六

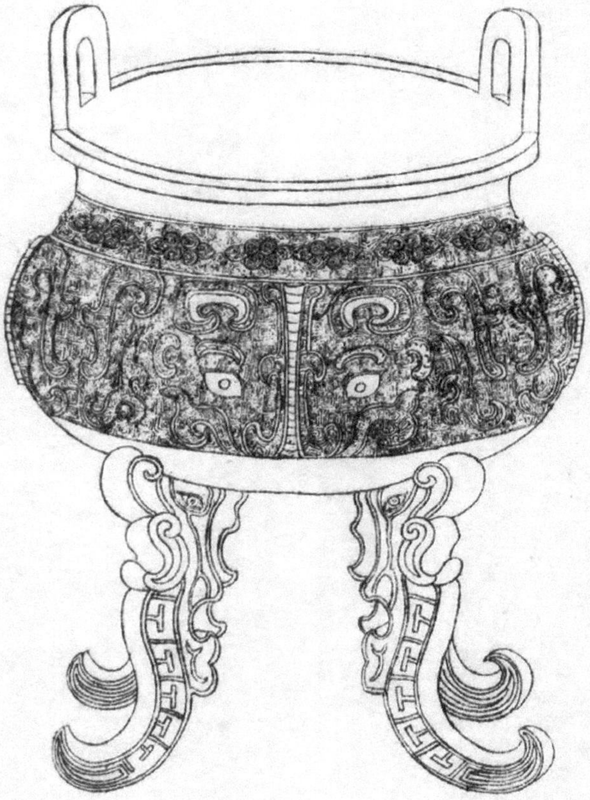

右高五寸四分深二寸九分耳高一寸二分濶

一寸二分口徑四寸七分腹圍一尺五寸三分

重六十二兩

周饕餮鼎七

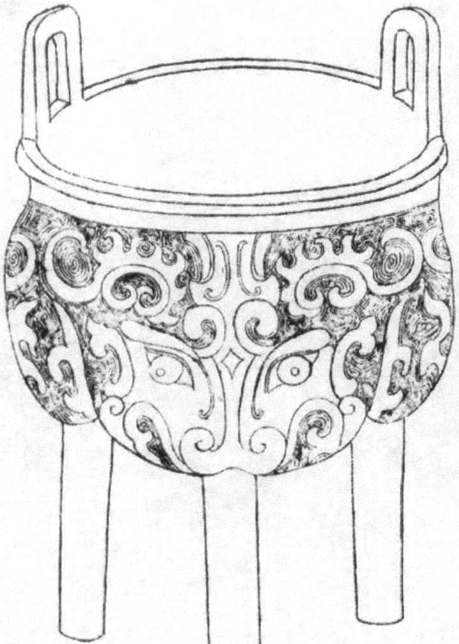

右高五寸八分深三寸一分耳高一寸四分濶
一寸六分口徑五寸三分腹圍一尺六寸二分
重五十四兩

周饕餮鼎八

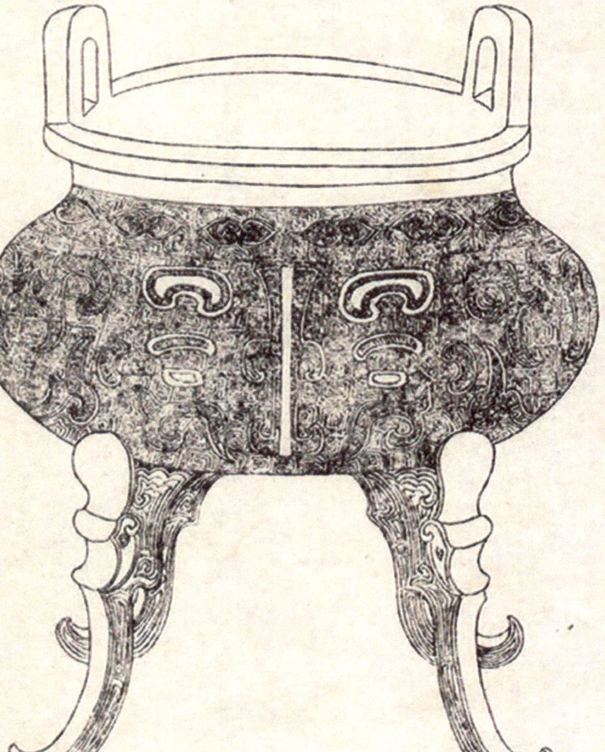

右高五寸五分深二寸八分耳高一寸二分濶
一寸二分口徑三寸九分腹圍一尺五寸三分
重八十兩四足

寧壽鑑古卷二目録

鼎二

周

漢

三犧鼎二

三犧鼎三

雲雷鼎

雲紋鼎

雷紋鼎

夔紋鼎

環紋鼎

弦紋鼎一

弦紋鼎二

弦紋鼎三

唐

周夔鳳鼎一

右高一尺深六寸八分耳高二寸七分濶三寸五分口徑一尺二寸八分腹圍三尺八寸重五百十二兩

周夔鳳鼎二

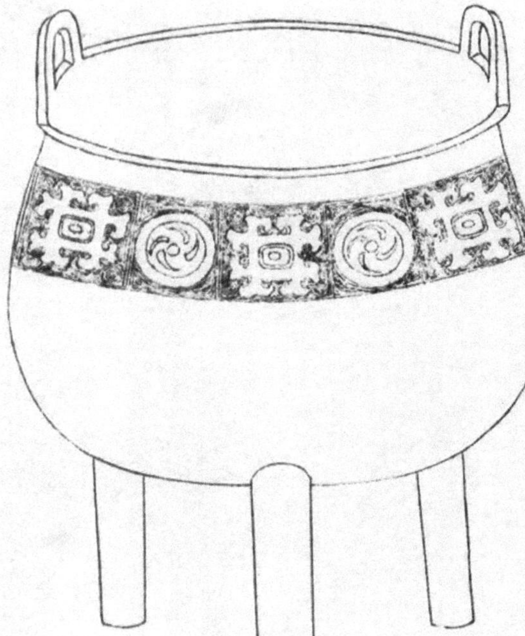

右高五寸七分深三寸五分耳高一寸四分闊一寸七分口徑五寸六分腹圍一尺八寸二分重五十二兩

周夔鳳鼎三

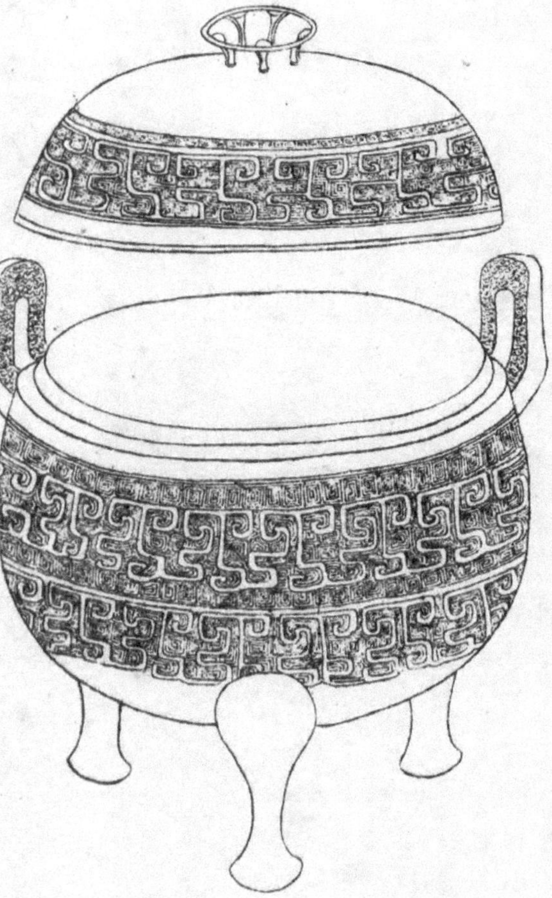

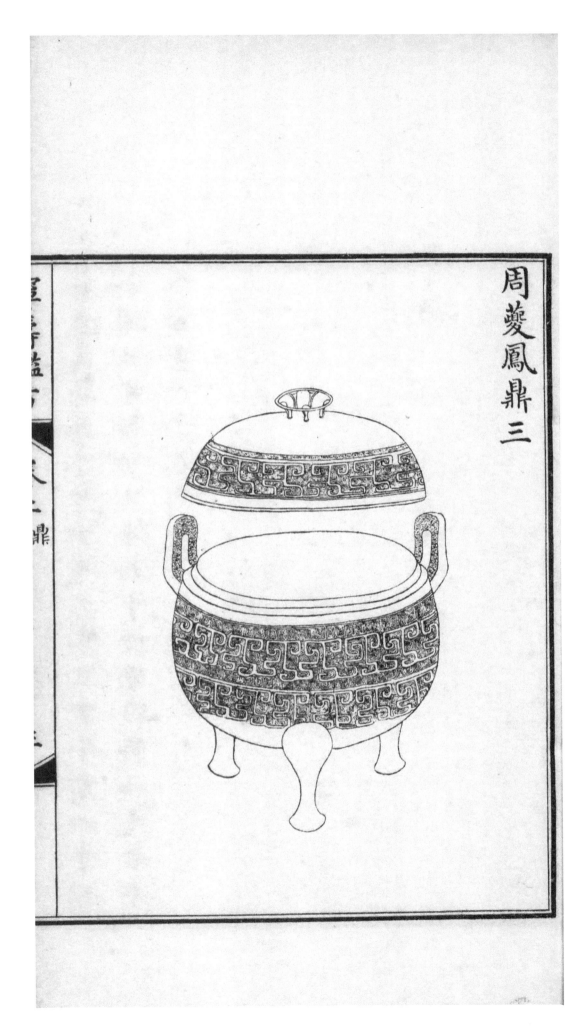

右通蓋高五寸七分深三寸三分耳高一寸二分闊一寸四分口徑五寸一分腹圍一尺七寸八分重六十五兩

周蟠夔鼎一

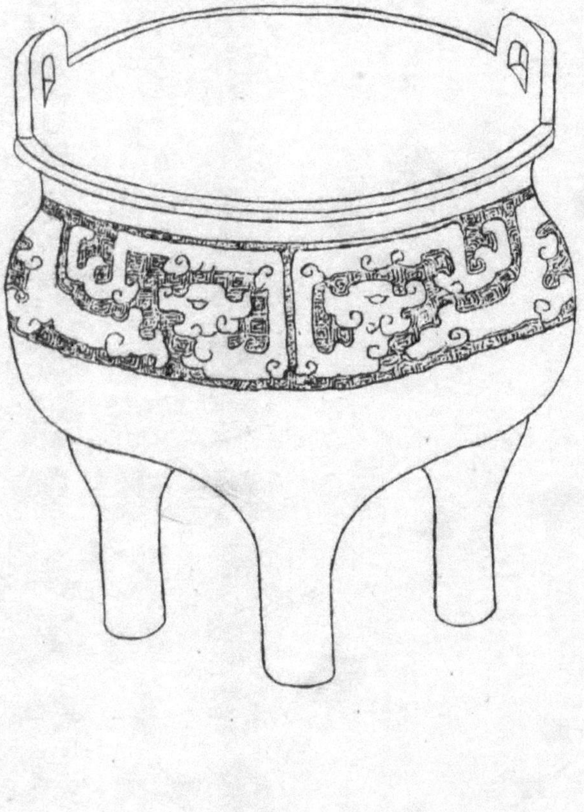

右高四寸七分深二寸四分耳高一寸二分濶
一寸五分口徑五寸一分腹圍一尺五寸五分
重七十六兩通體花紋磨稜欲平三足如鬲與
常鼎異爾雅鼎款足謂之鬲謂鼎足相去踈濶
也故當時製度有鼐鼒⿰鼎干⿰鼎豊之别其實皆鼎也

周蟠夔鼎二

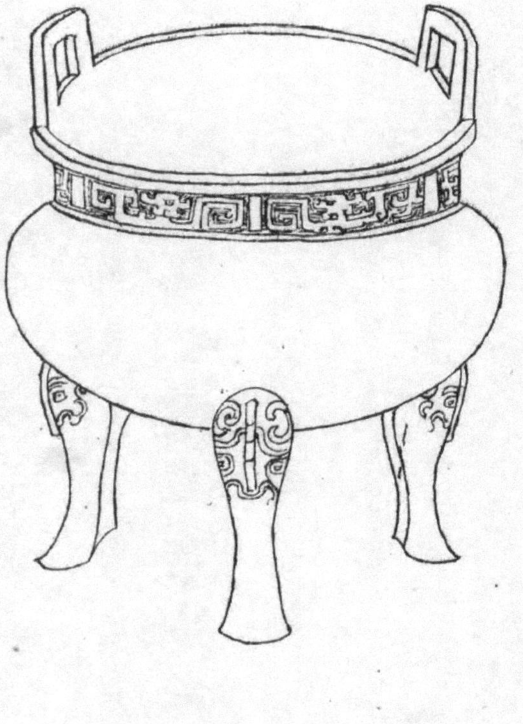

右高七寸八分深四寸四分耳高一寸五分濶二寸一分口徑八寸二分腹圍二尺二寸五分重一百七十六兩

周蟠夔鼎三

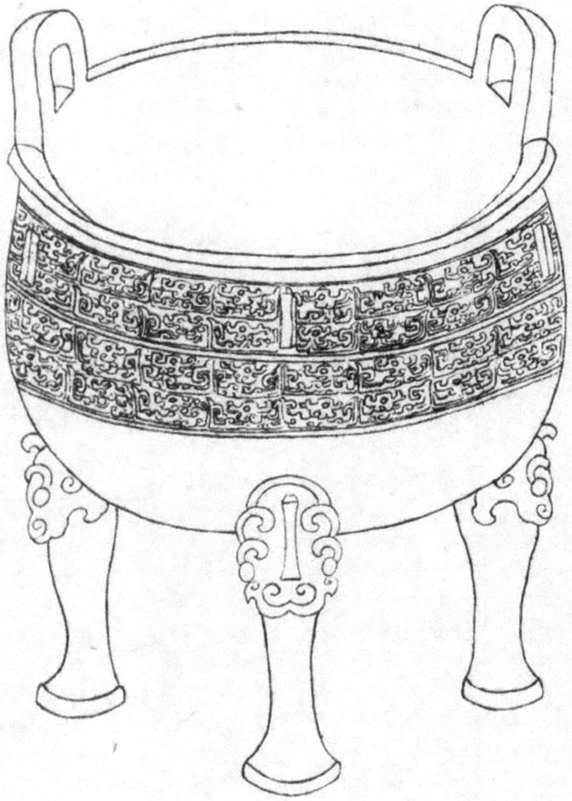

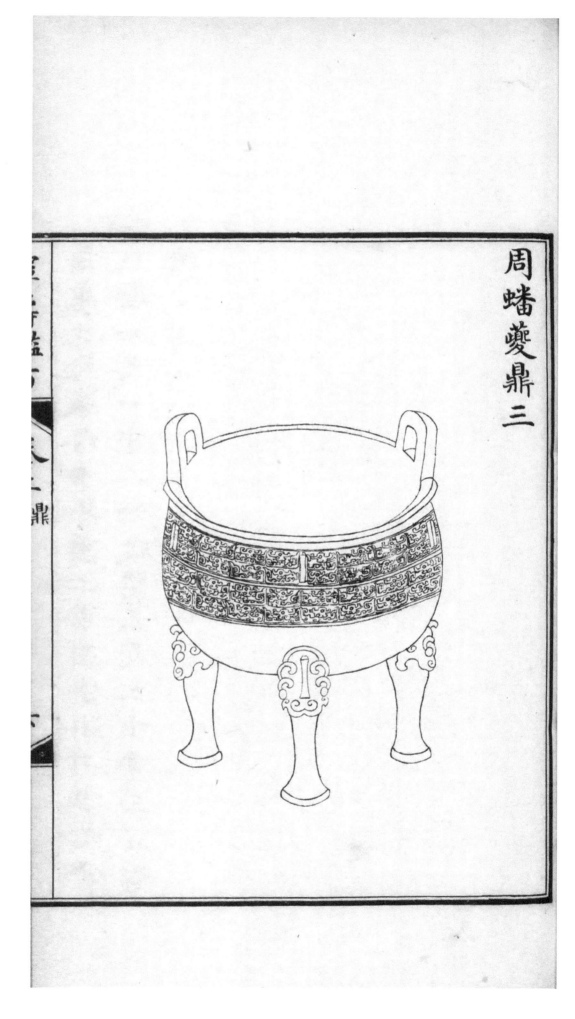

右高一尺深六寸耳高二寸五分濶二寸九分
口徑一尺一寸二分腹圍三尺五寸重三百四
兩

周蟠夔鼎四

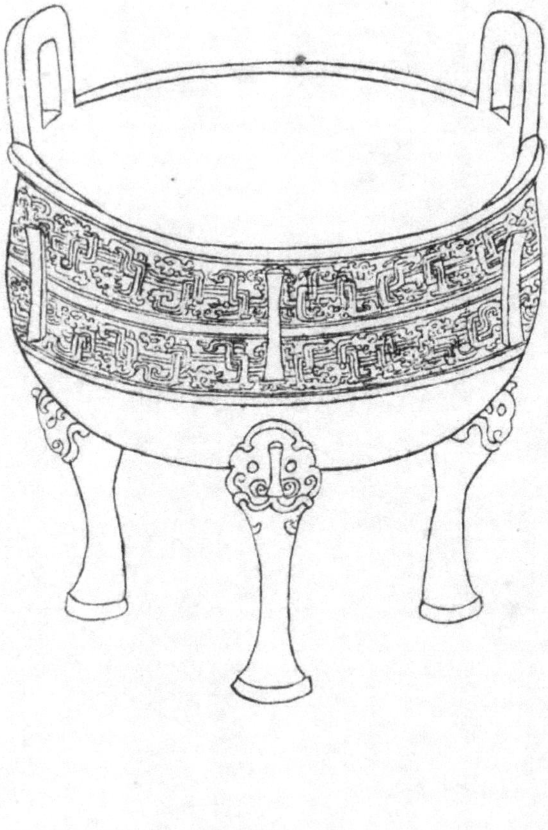

右高九寸深五寸二分耳高二寸六分濶二寸八分口徑一尺一寸八分腹圍三尺六寸重二百三十二兩

周蟠虺鼎

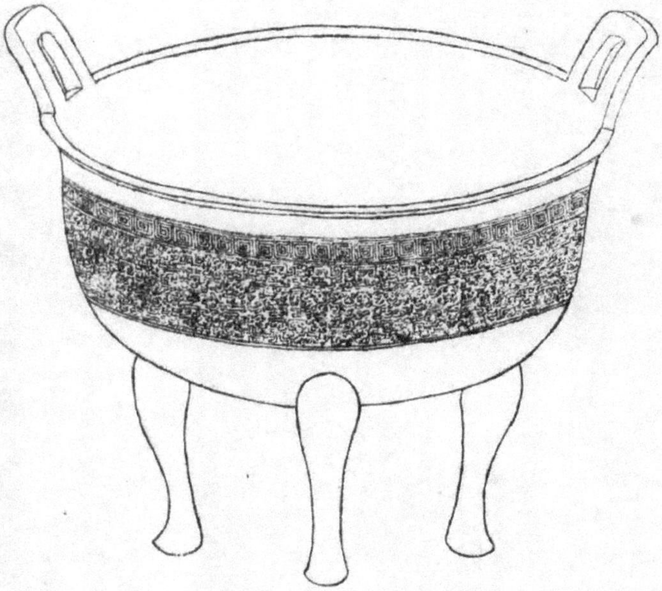

右高六寸二分深三寸三分耳高二寸濶二寸口徑八寸七分腹圍二尺二寸五分重八十六兩

周三羊鼎

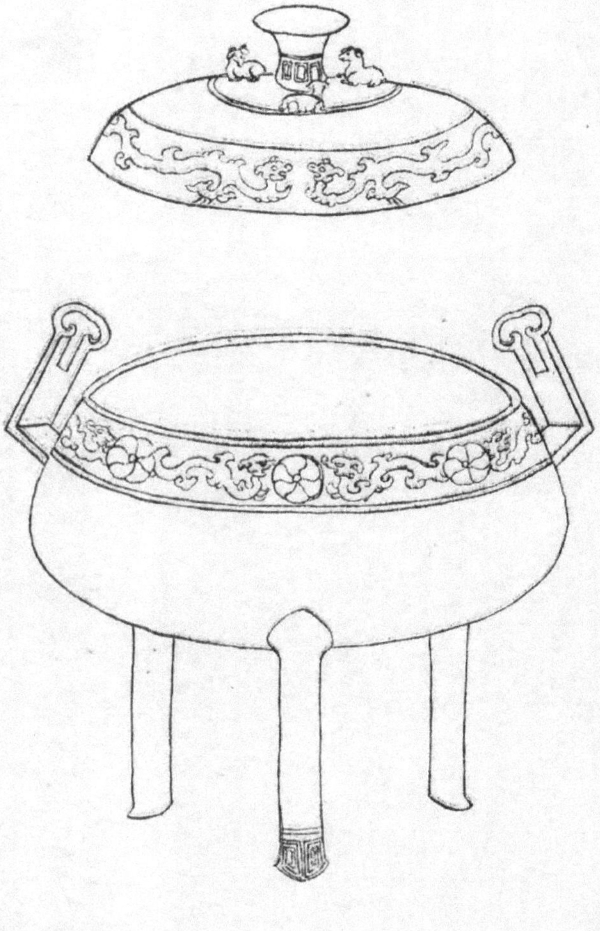

右通蓋高七寸七分深二寸九分耳高二寸六分濶一寸七分口徑七寸腹圍二尺四寸重一百八兩鎏金

周盤雲鼎

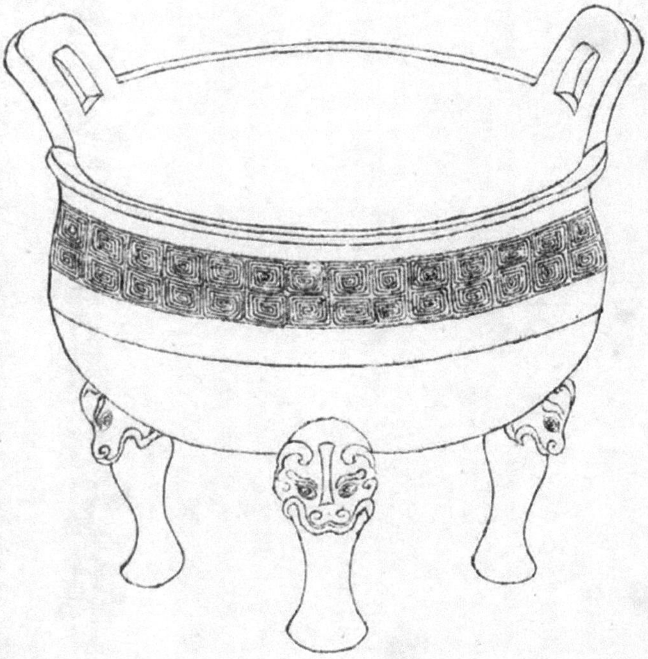

右高九寸五分深五寸七分耳高三寸濶三寸
二分口徑一尺二寸腹圍三尺五寸五分重二
百八十八兩三足作饕餮如負鼎之形

周雲雷鼎一

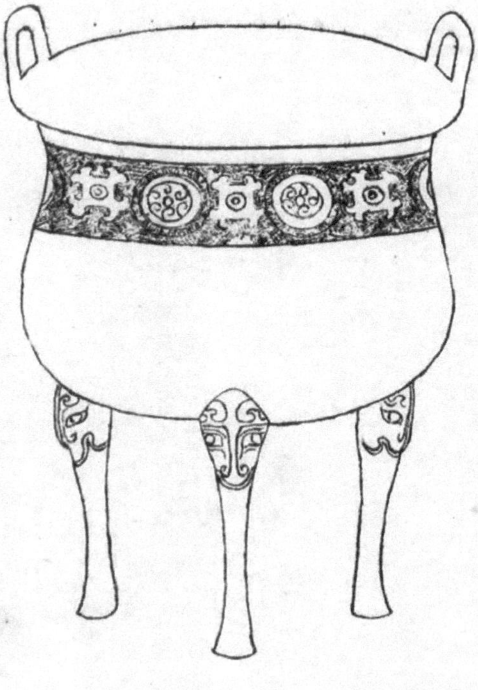

右高四寸四分深二寸四分耳高八分濶一寸
口徑四寸二分腹圍一尺三寸四分重二十六
兩

周雲雷鼎二

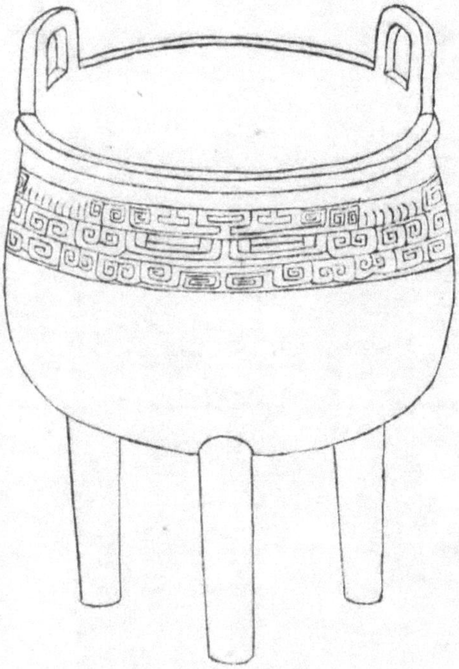

右高五寸深三寸一分耳高一寸濶一寸一分
口徑四寸六分腹圍一尺四寸七分重四十六
兩

周雲紋鼎

右高九寸深五寸耳高二寸濶一寸七分口徑七寸腹圍一尺三寸七分重一百八十六兩銀錯

周雷紋鼎一

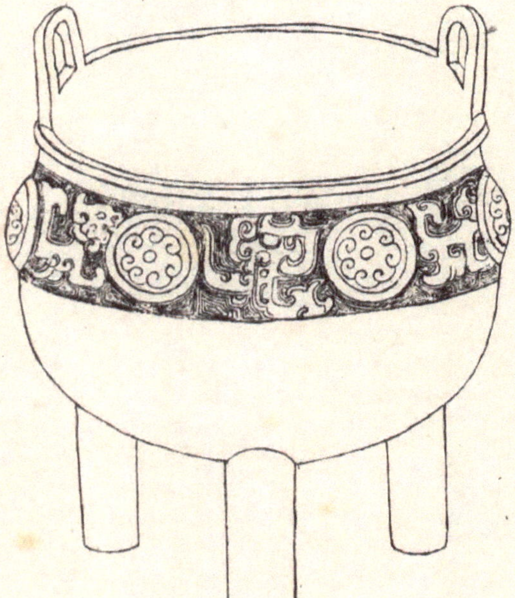

右高六寸五分深三寸八分耳高一寸二分濶一寸六分口徑六寸四分腹圍二尺八分重一百三十二兩

周雷紋鼎二

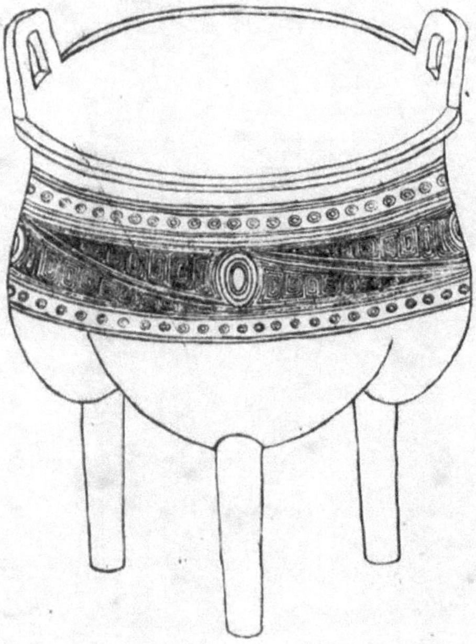

右高五寸三分深二寸八分耳高九分濶一寸三分口徑五寸一分腹圍一尺五寸五分重五十六兩

周雷紋鼎三

右高八寸三分深四寸二分耳高二寸七分濶二寸八分口徑一尺一寸四分腹圍三尺四寸重三百八十四兩

周夔紋鼎一

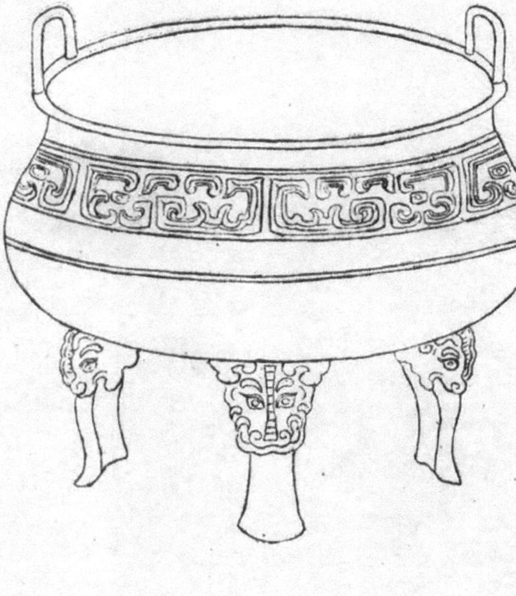

右高三寸八分深二寸四分耳高一寸濶一寸
一分口徑四寸七分腹圍一尺四寸八分重二
十五兩

周夔紋鼎二

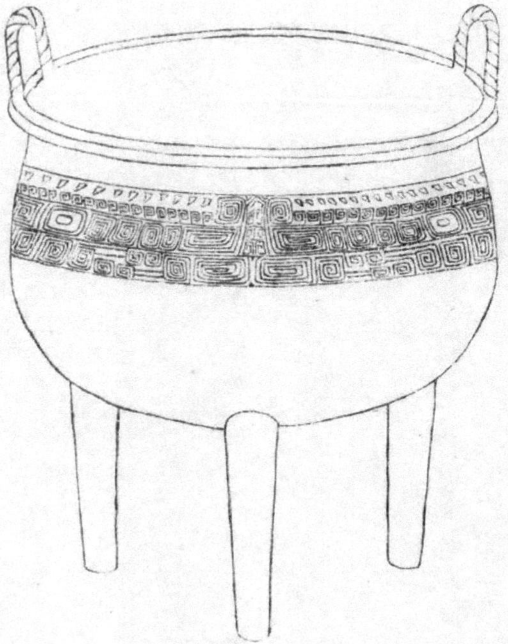

右高五寸一分深二寸九分耳高一寸二分濶一寸二分口徑五寸二分腹圍一尺六寸重三十二兩

周蟬紋鼎一

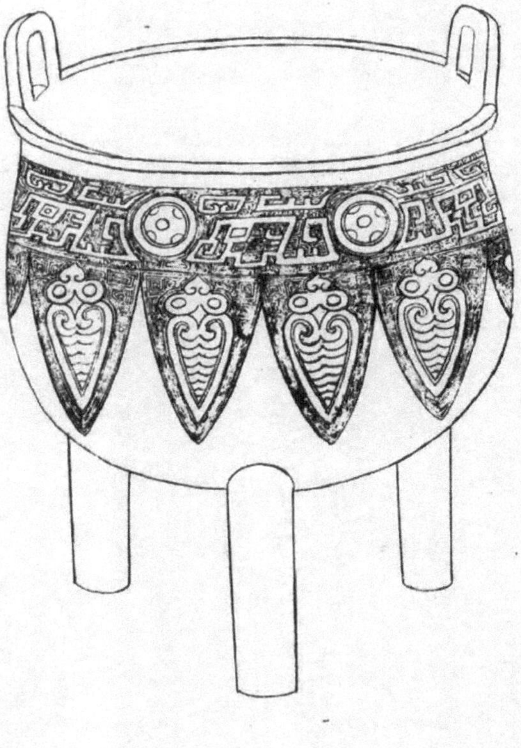

右高六寸四分深四寸二分耳高一寸二分闊一寸六分口徑六寸五分腹圍二尺五分重七十二兩

周蟬紋鼎二

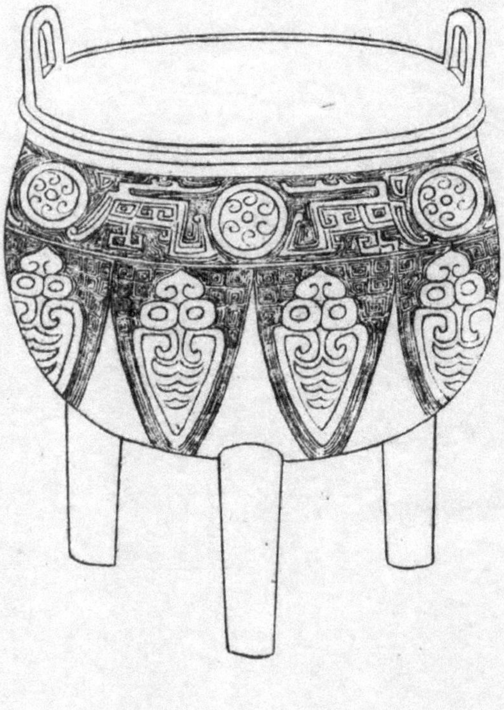

右高六寸六分深四寸三分耳高一寸四分濶一寸五分口徑六寸三分腹圍二尺三寸重七十六兩

周弦紋鼎

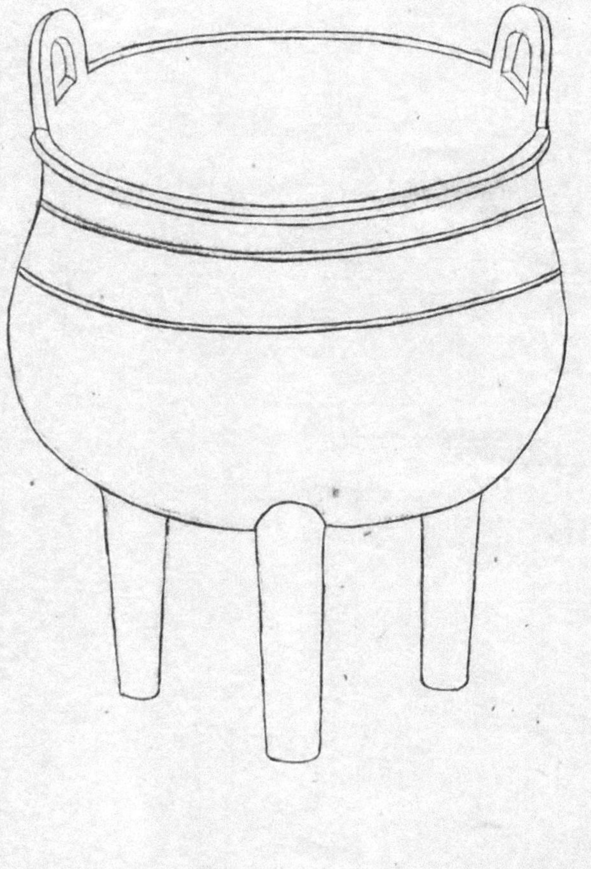

右高五寸九分深三寸六分耳高一寸濶一寸四分口徑六寸二分腹圍一尺九寸三分重八十兩

漢蟠虺鼎

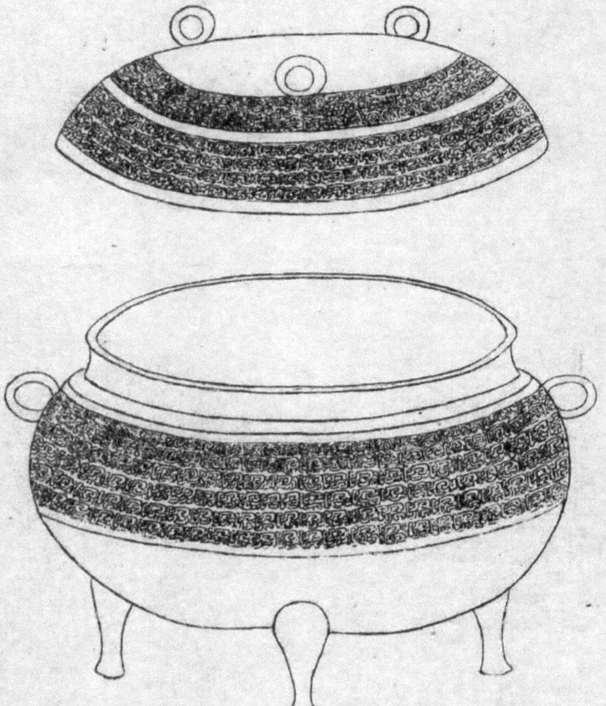

右高四寸二分深二寸六分口徑四寸七分腹
圍一尺六寸一分重三十二兩

漢饕餮鼎

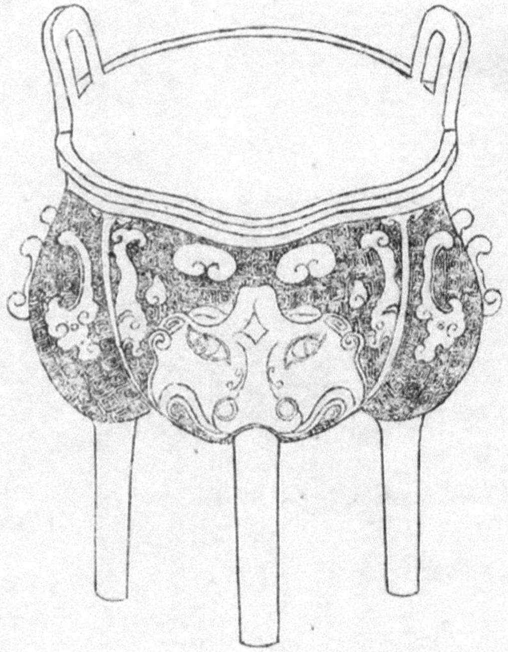

右高五寸五分深三寸一分耳高一寸二分濶一寸二分口徑五寸腹圍一尺七寸六分重七十二兩鎏金

漢饕餮方鼎

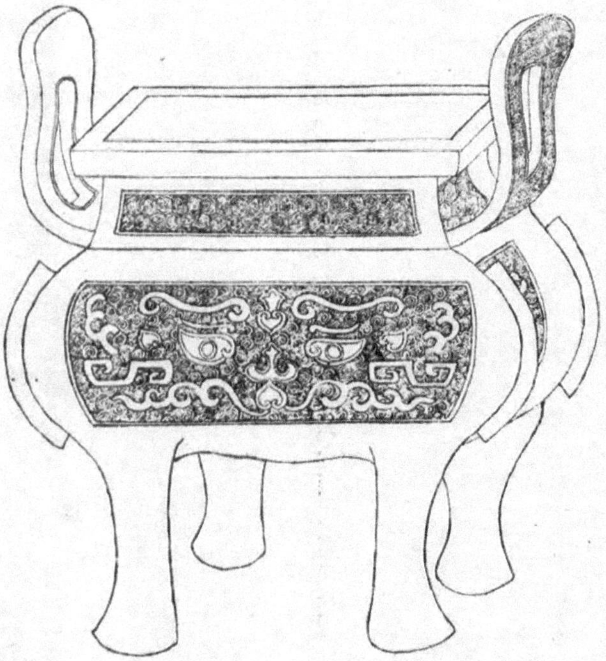

右高七寸深四寸二分耳高二寸八分濶一寸四分口縱三寸九分橫五寸一分腹縱三寸六分橫四寸八分重七十六兩

漢犧鼎

右通蓋高五寸八分深三寸三分口徑五寸二分腹圍一尺八寸重五十二兩銀錯

漢三犧鼎一

右通蓋高三寸一分深二寸耳高一寸濶七分
口徑三寸一分腹圍一尺一寸五分重三十五
兩金銀錯

漢三犧鼎二

右通盖高五寸九分深三寸二分耳高一寸五
分闊一寸一分口徑五寸腹圍一尺七寸三分
重六十四兩

漢三犧鼎三

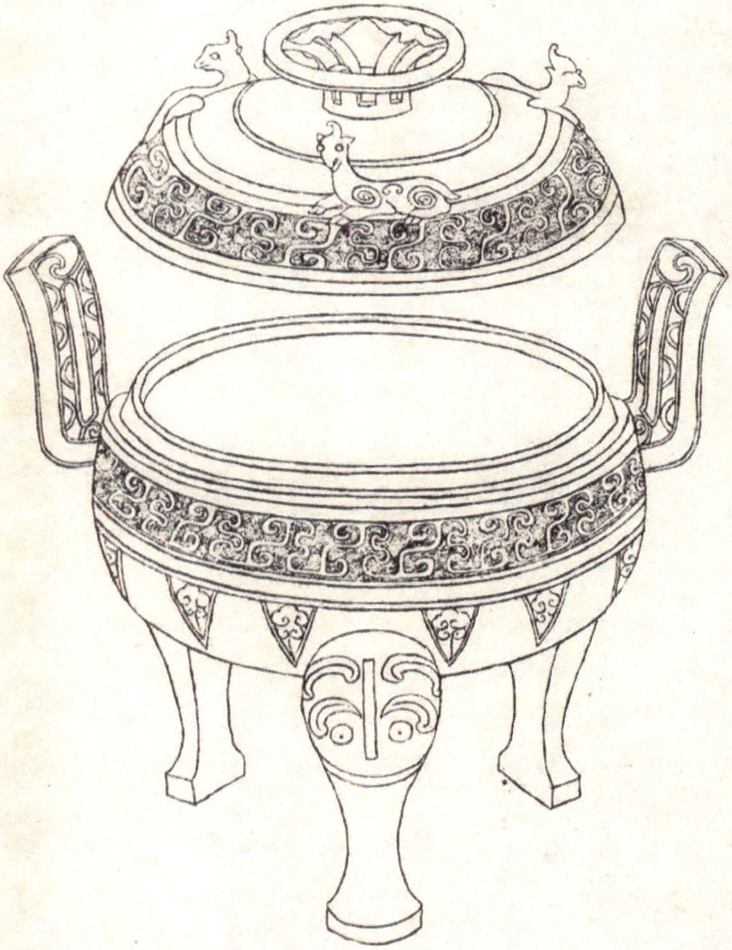

右通蓋高一尺六分深四寸六分耳高三寸濶
二寸一分口徑八寸腹圍三尺二分重三百三
十四兩

漢雲雷鼎

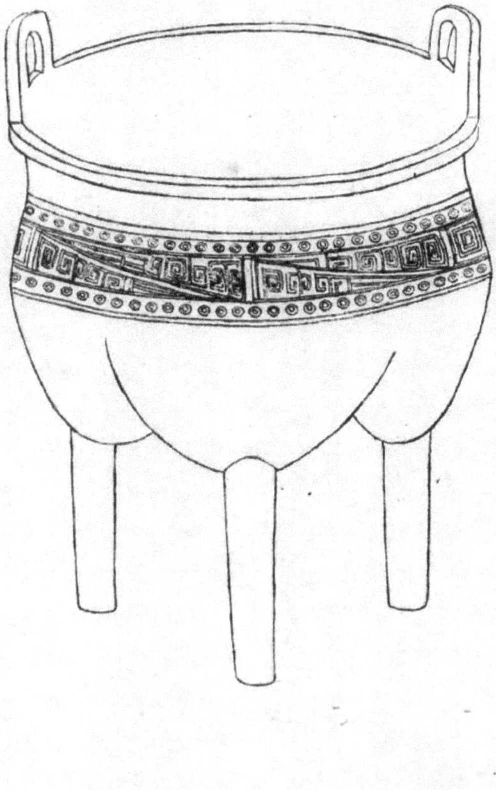

右高五寸深二寸九分耳高九分濶一寸三分
口徑五寸腹圍一尺五寸四分重五十二兩

漢雲紋鼎

右高三寸二分深二寸七分二環耳口徑四寸九分腹圍一尺七寸重三十二兩金錯缺蓋

漢雷紋鼎

右通盖高五寸一分深三寸三分耳高一寸六分濶一寸四分口徑五寸二分腹圍一尺七寸二分重四十二兩

漢夔紋鼎

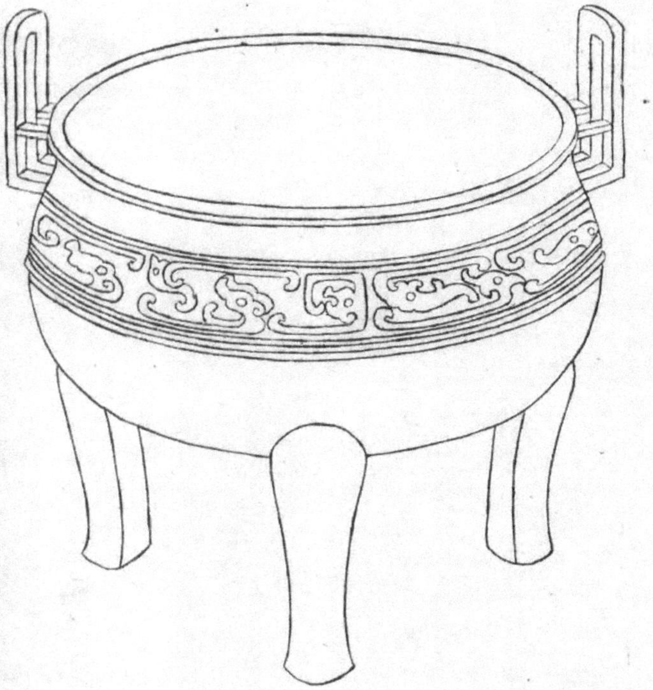

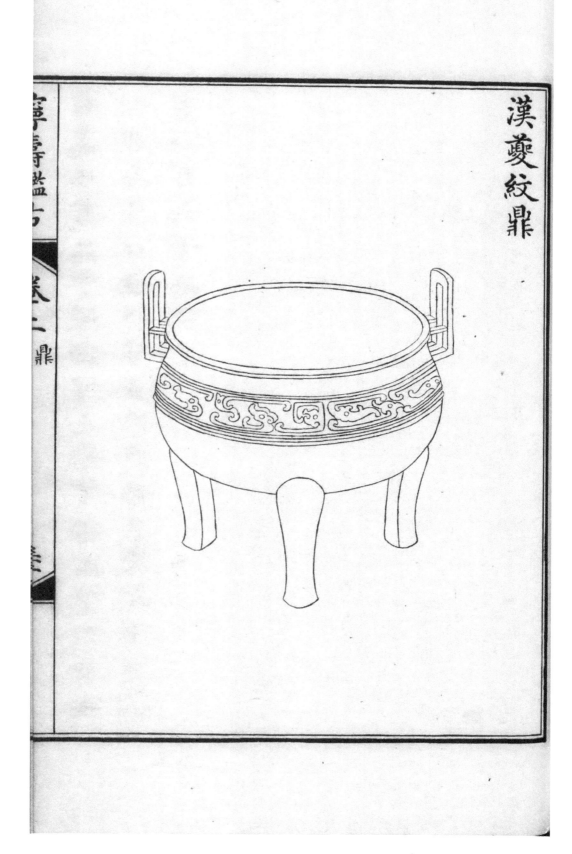

右高八寸二分深四寸七分耳高二寸四分濶一寸七分口徑八寸三分腹圍二尺七寸二分重一百六十兩

漢環紋鼎

右高八寸三分深四寸八分耳高二寸闊二寸
口徑一尺二寸腹圍三尺二寸一分重二百四
十兩

漢弦紋鼎一

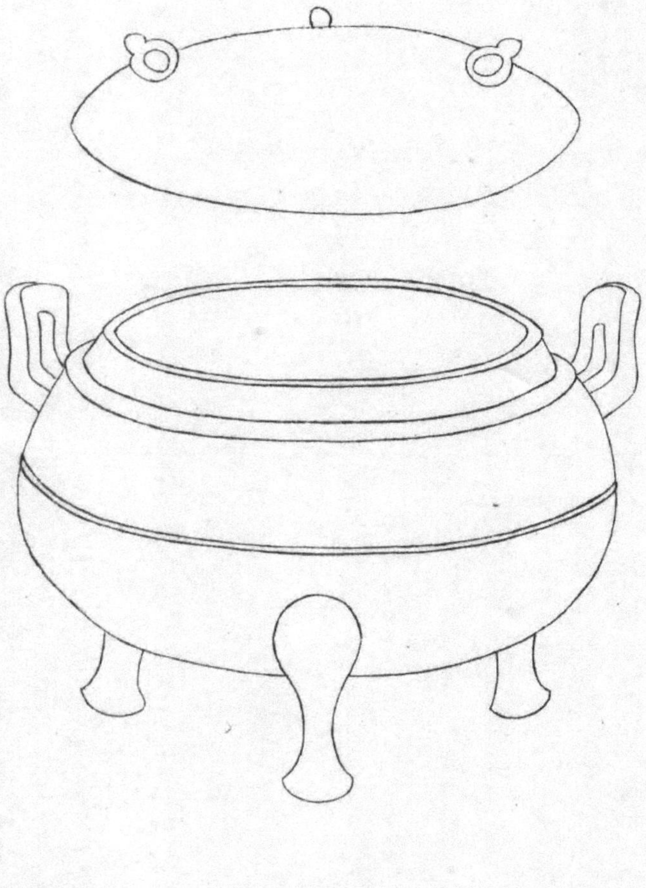

右通盖高四寸六分深三寸耳高一寸五分濶一寸口徑四寸二分腹圍一尺七寸一分重六十二兩

漢弦紋鼎二

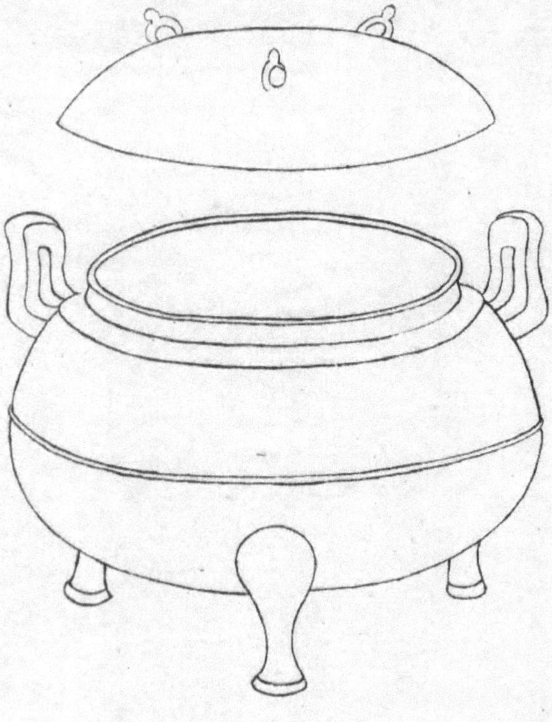

右高四寸五分深三寸一分耳高一寸五分闊一寸口徑四寸五分腹圍一尺八寸二分重六十兩鋈金

漢弦紋鼎三

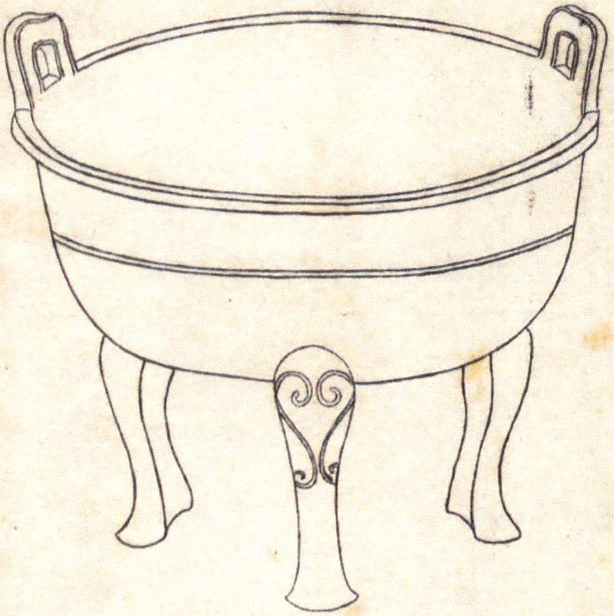

右高六寸四分深三寸五分耳高一寸六分濶一寸九分口徑八寸腹圍二尺三寸五分重九十兩通體惟弦紋一道三足有雲紋

漢乳鼎

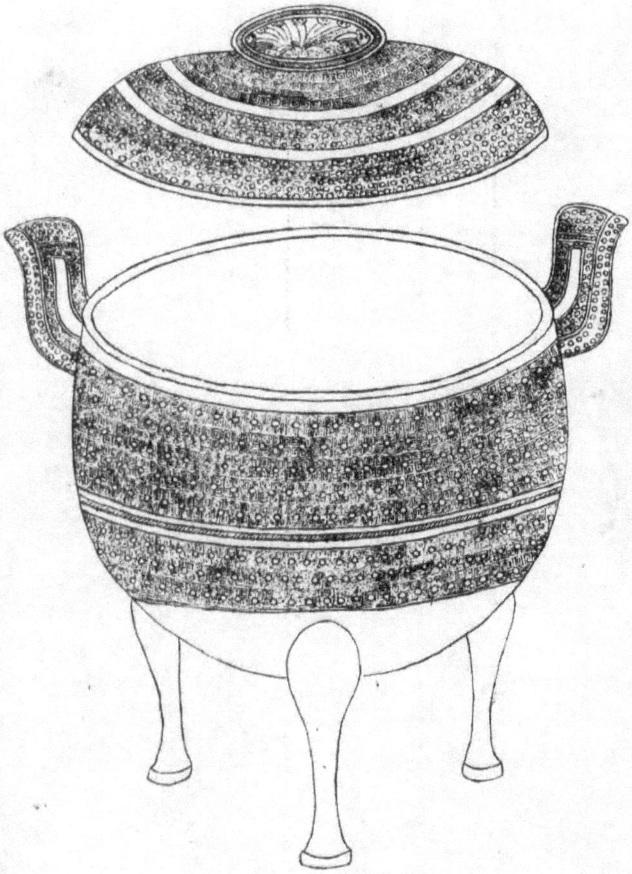

右通蓋高九寸五分深五寸七分耳高二寸七
分濶二寸口徑八寸六分腹圍二尺九寸五分
重二百四兩

漢環耳鼎一

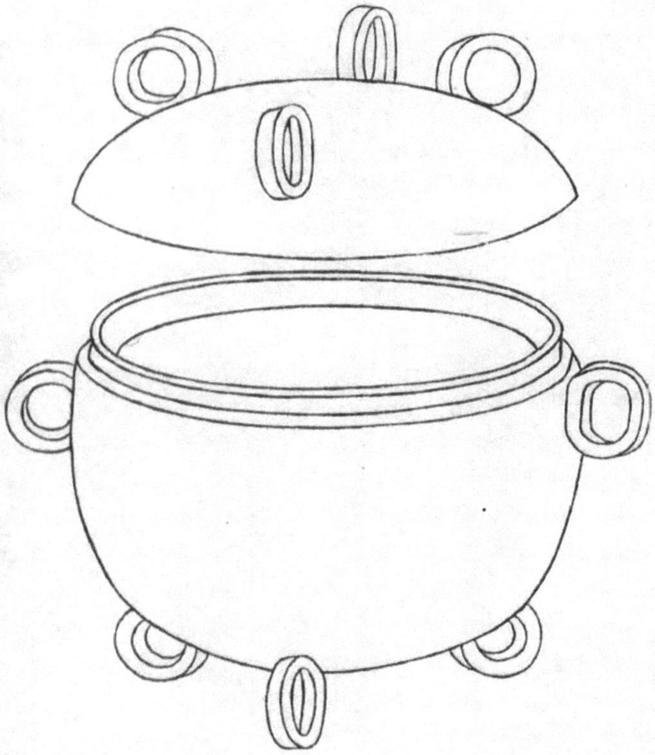

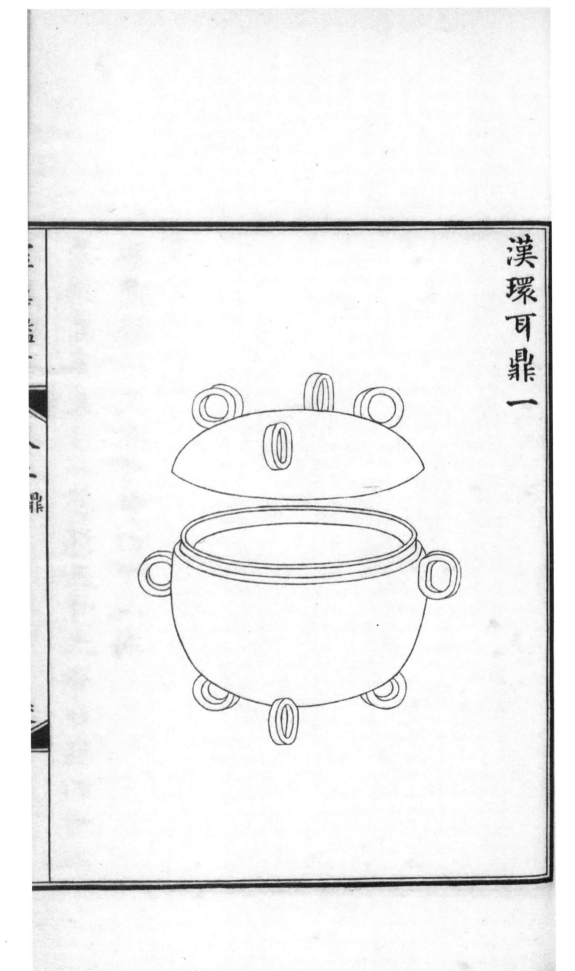

右通蓋高五寸一分深三寸二分口徑四寸八分腹圍一尺七寸重四十八兩

漢環耳鼎二

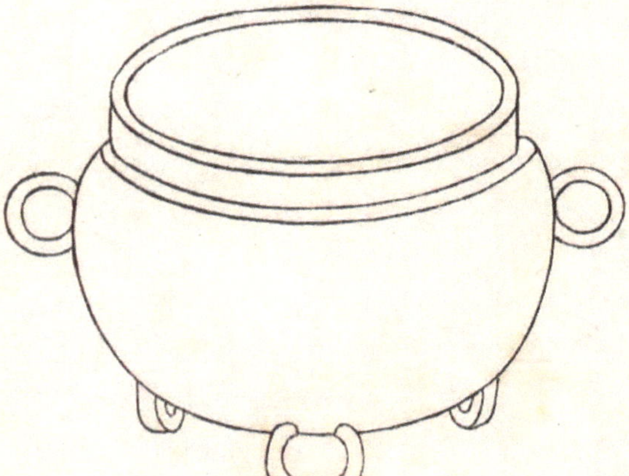

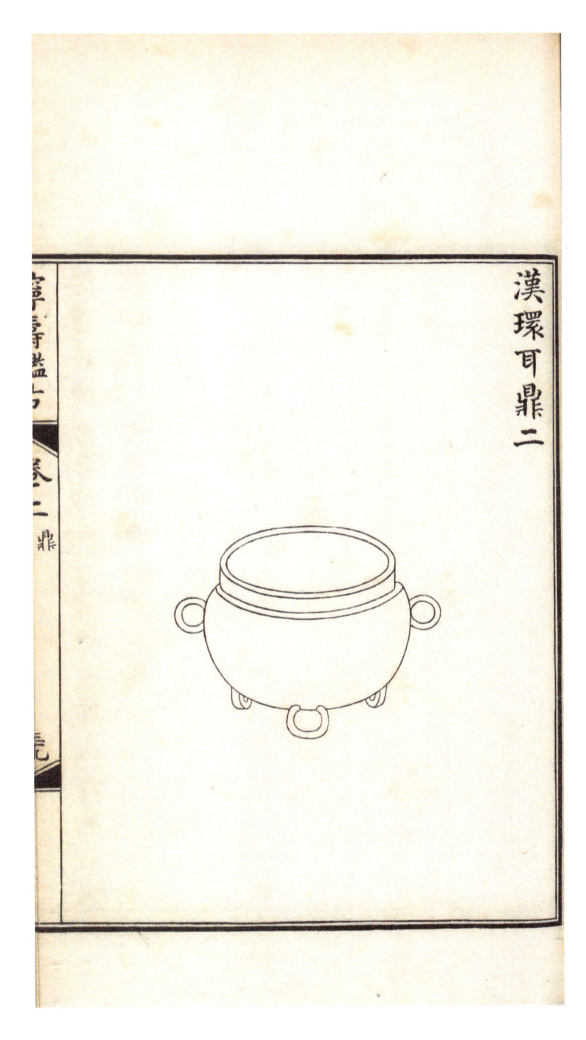

右高三寸九分深三寸五分口徑四寸七分腹
圍一尺八寸三分重三十一兩

漢素鼎一

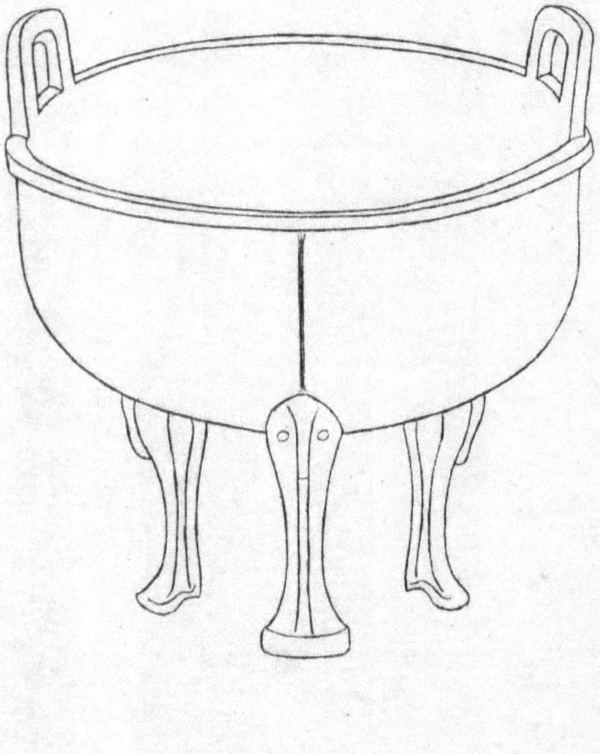

右高八寸三分深四寸五分耳高二寸二分濶二寸四分口徑一尺一寸九分腹圍三尺五寸重二百八兩此器通體無花紋惟三足作饕餮形

漢素鼎二

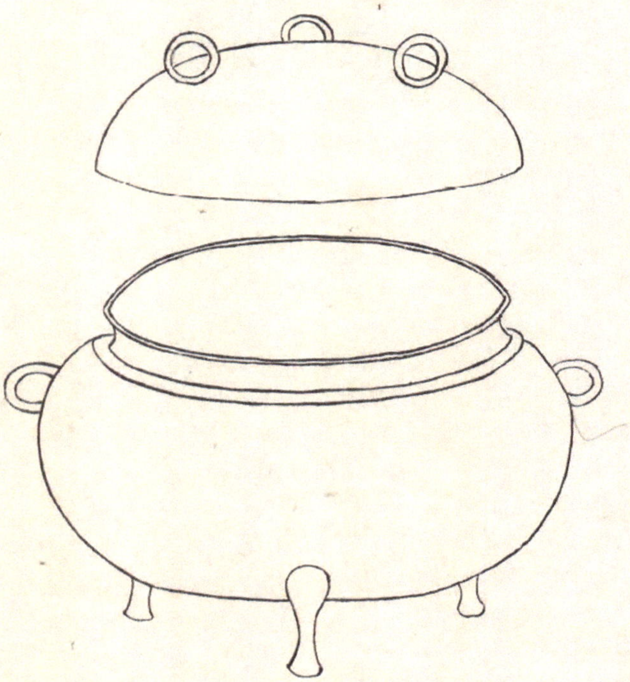

右通蓋高四寸二分深二寸七分口徑五寸腹
圍一尺六寸五分重三十二兩

漢素鼎三

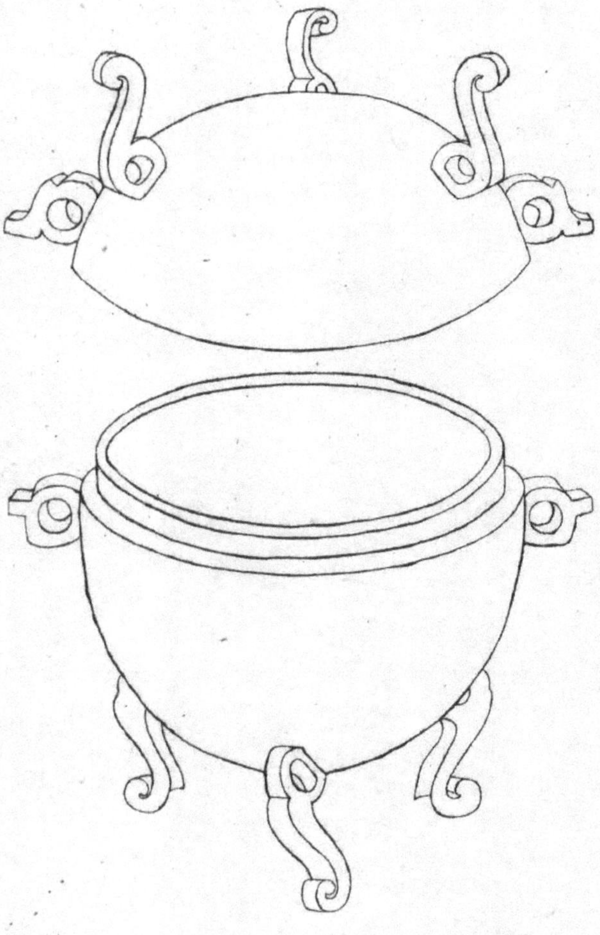

右通蓋高四寸九分深二寸五分口徑三寸二
分腹圍一尺三寸三分重三十九兩

唐塗金方鼎

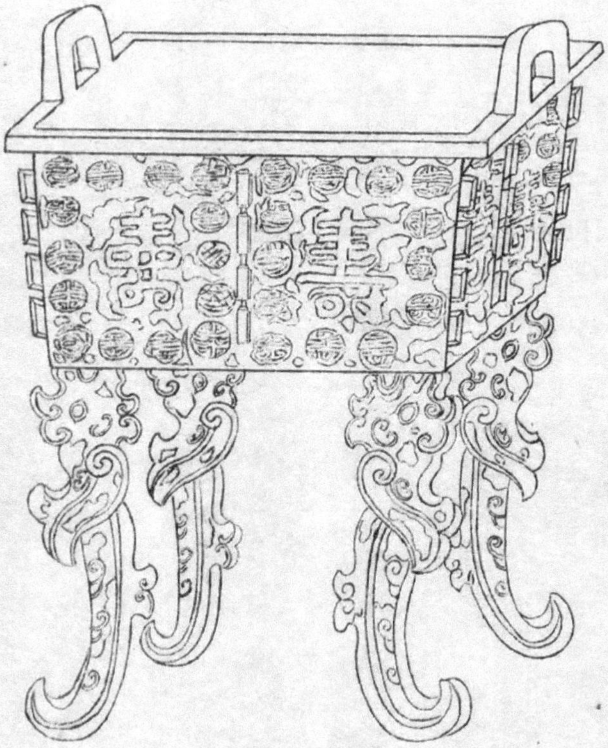

寶用

右高七寸六分深三寸四分耳高一寸五分濶一寸六分口縱四寸八分横六寸五分腹縱四寸一分横五寸七分重一百三十六兩

寧壽鑑古卷三目録

尊一

商

祖癸尊二 有銘

帶耳尊

夔紋尊

素方尊

周

祖乙尊 有銘

父乙尊 有銘

象尊 有銘

行尊 有銘

父癸尊 有銘

乙尊有銘

邢季尊有銘

友尊有銘

伯和尊有銘

齊史尊有銘

錫貝尊有銘

貫尊有銘

楚母尊有銘

婦尊一有銘

婦尊二有銘

商父乙尊

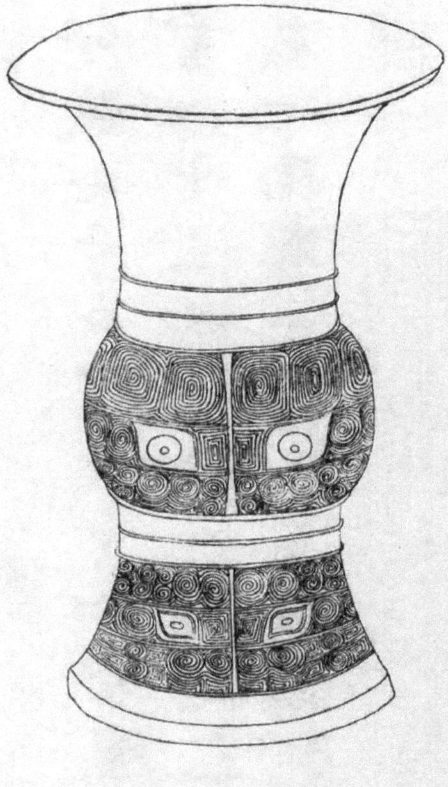

子孫父乙

右高八寸五分深七寸口徑六寸六分腹圍一尺二寸六分重八十三兩文曰子孫父乙商器以父乙銘者不一此有子孫二字與商鼎之子孫父癸銘文同

商父丁尊一

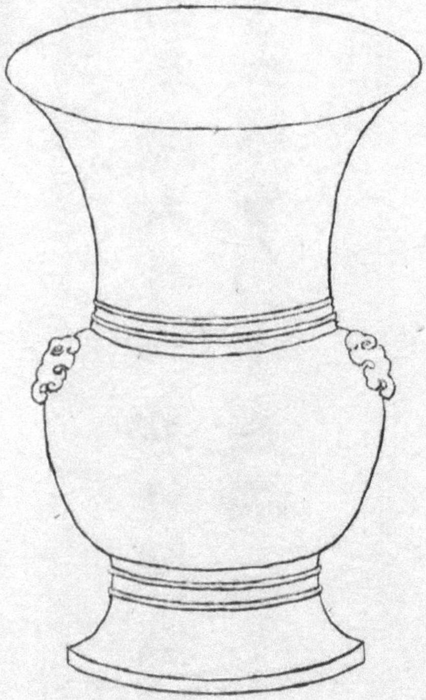

作父丁寶
尊彝孝

右高六寸四分深五寸一分口徑五寸六分腹
圍一尺二寸七分重四十五兩

商父丁尊二

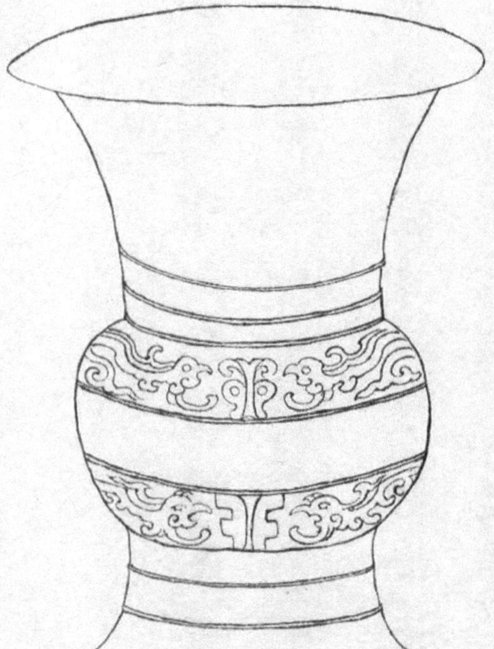

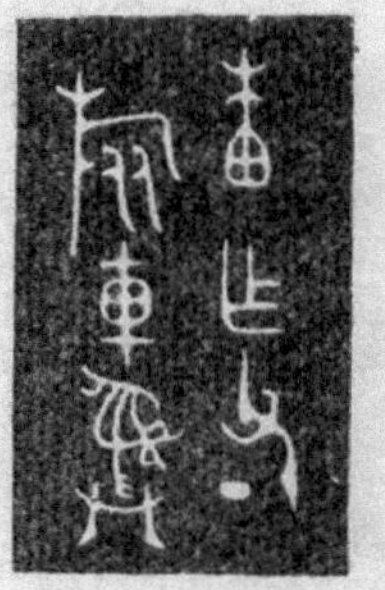

○作父丁旅車彝

右高五寸七分深四寸六分口徑五寸三分腹圍一尺二寸重四十六兩上一字不可辨尊罍卣彝稱旅車者甚多旅衆也言非一器也薛尚功鐘鼎款識有車爵車觚其說曰先王之時凡誥戒於酒者無所不致其嚴蓋車軼則致敗而酒至於流足以敗德亦示飲之戒云

商父戊尊

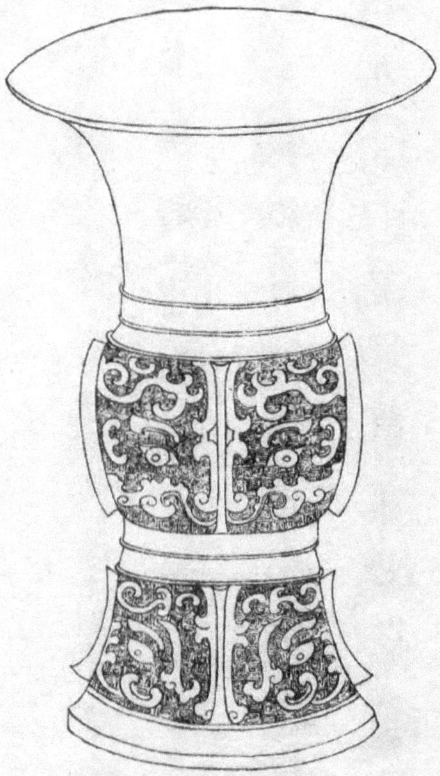

鬲父戊

右高八寸四分深七寸口徑六寸五分腹圍一尺二寸重八十五兩商有父已鬲其鬲字與此第一字同博古圖云尊以盛酒而取銘於鬲者鬲之為用欲其通以鬲識尊亦欲交通而無間也下有文漫漶似係父戊二字仿彿與敔鬲父戊之文同

商祖巳尊

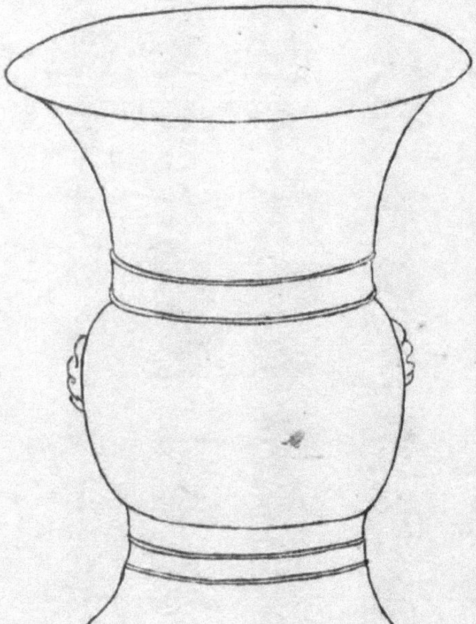

○作祖己尊彝

右高六寸一分深五寸口徑五寸七分腹圍一尺一寸五分重五十六兩第一字不可識商書高宗肜日篇祖己所作孔安國傳謂祖己商之賢臣也又鐘鼎款識有祖己爵謂商君雍己之孫作按史記殷本紀帝小甲之弟為帝雍己此器或亦雍己之孫為祖作也

商父己尊

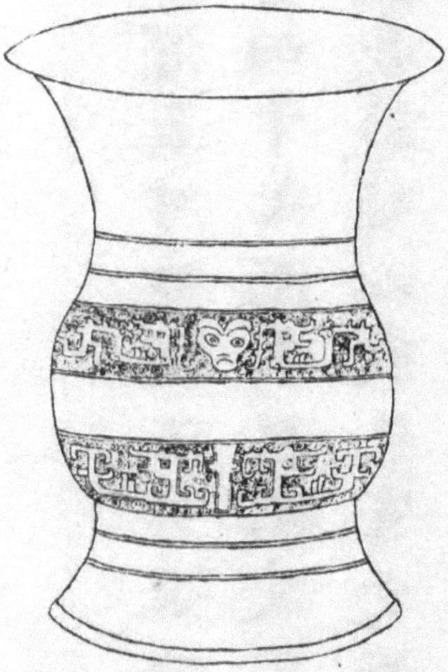

作父已寶
彝　享

右高六寸二分深五寸口徑五寸五分腹圍一尺一寸七分重四十七兩商器銘父已者甚多宋博古圖鐘鼎款識皆以雍已實之而不知商之名已者尚有祖已孝已也博古圖又誤以雍已為小甲之父遂於父已卣謂小甲銘父之祀器是并忘其世次矣盖內事用柔日故祭器多

乙丁巳辛癸之字此黃長睿張掄諸人所以謂
十干紀日及器之次第而不槩指為人名也

商祖癸尊一

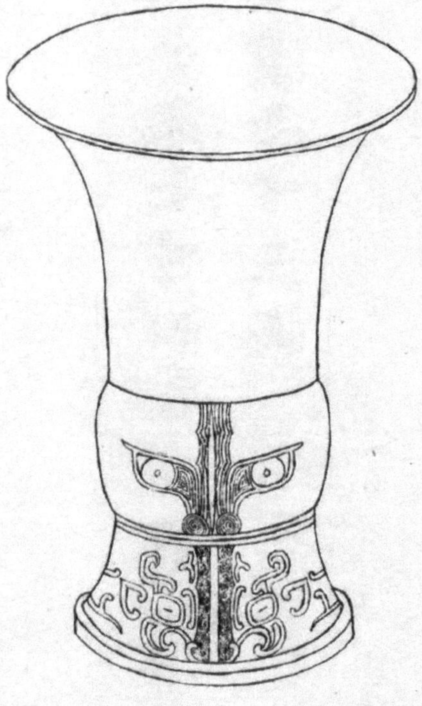

◎

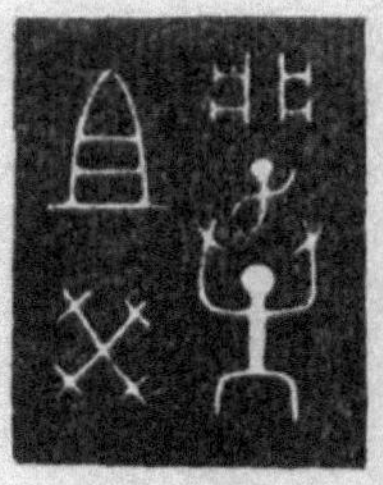

析子孫
祖癸

右高九寸二分深七寸四分口徑七寸腹圍一尺三寸二分重七十三兩

商祖癸尊二

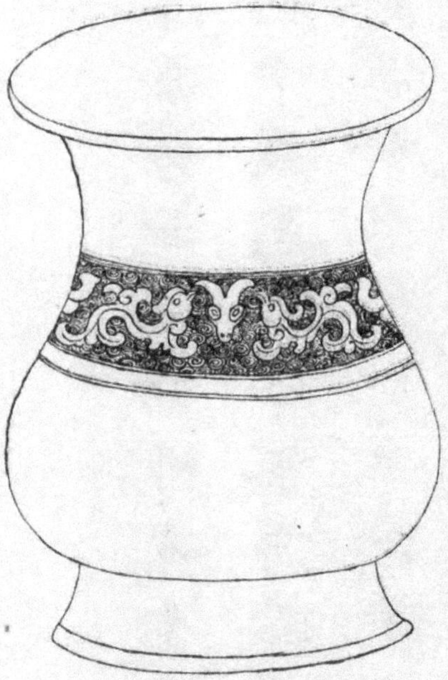

○作祖癸
旅尊彝册册丁

右高五寸深四寸四分口徑四寸九分腹圍一尺三寸二分重四十兩第一字不可識考古圖有父辛旅彝此器銘祖癸與父辛同例册字下有丁字又與父乙尊祖丁卣同例旅尊彝者考儀禮燕禮有司宮尊公尊皆在堂上東楹士則旅食于門兩圜壺呂大臨云言旅者以别公尊

與堂上尊也他如旅鬲旅簋旅卣旅匜皆同此
義

商帶耳尊

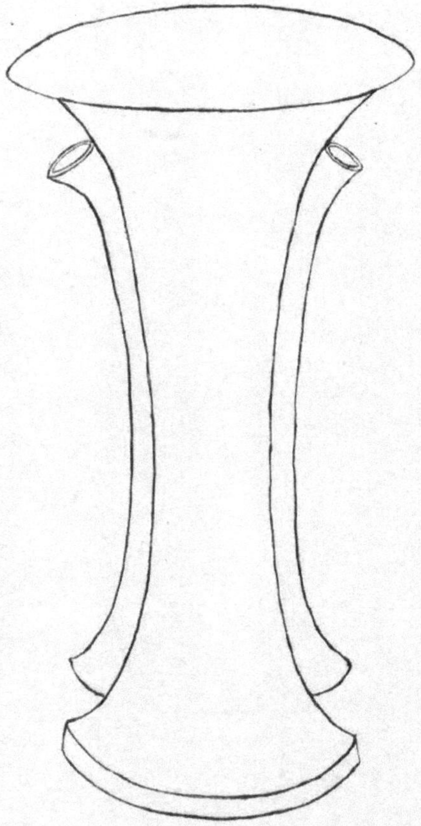

右高八寸四分深五寸三分口徑四寸八分重
四十六兩

商夔紋尊

右高九寸五分深九寸口縱四寸二分橫五寸
一分腹圍二尺二寸二分重一百十三兩

商素方尊

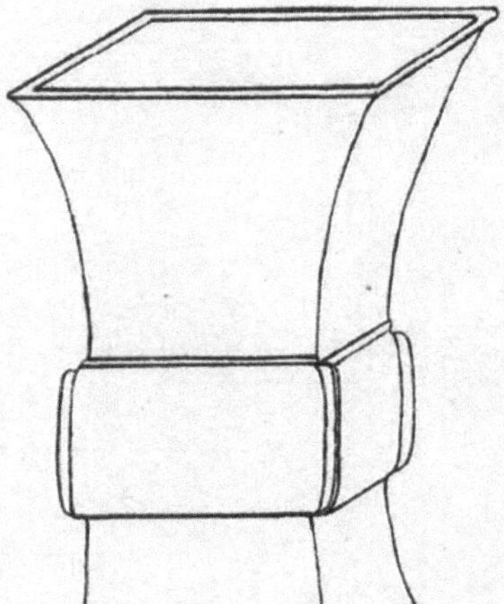

右高四寸深二寸九分口徑二寸三分腹圍六寸八分重九兩

周祖乙尊

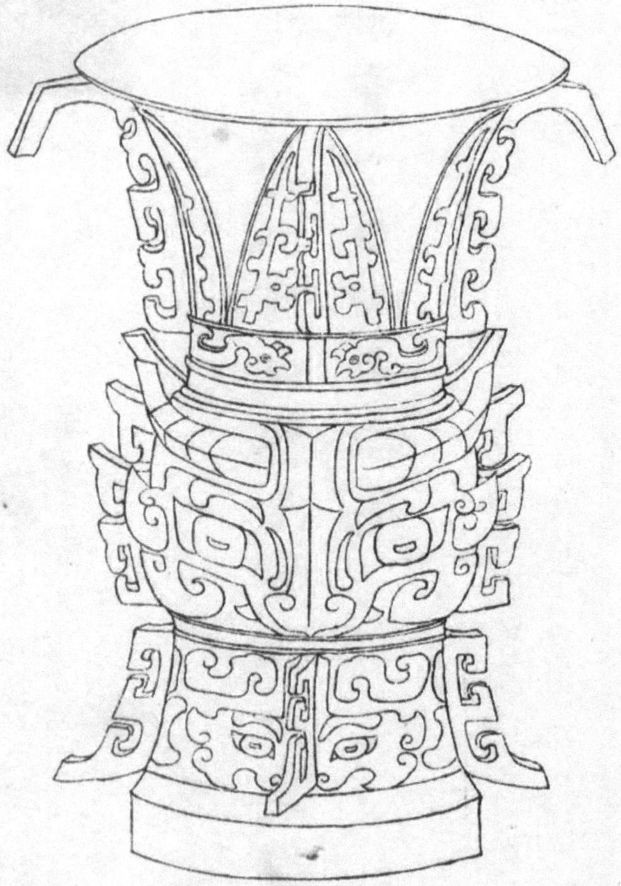

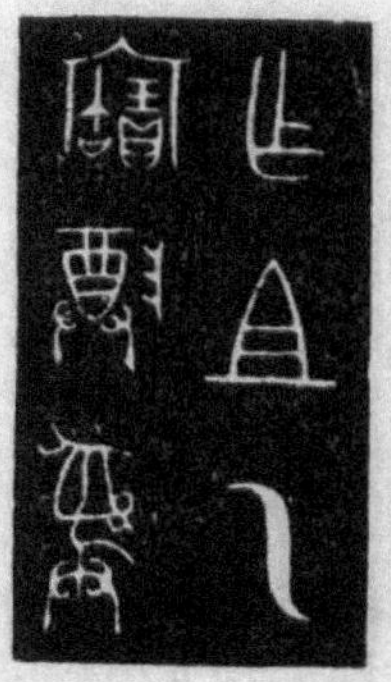

作祖乙
寶尊彝

右高一尺九分深八寸口徑七寸八分腹圍一尺七寸一分重一百七十四兩

周父乙尊

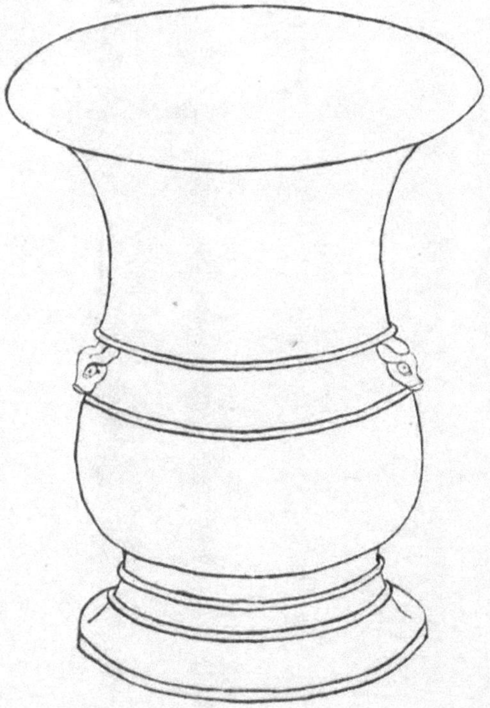

○父乙

右高七寸五分深六寸五分口徑六寸五分腹圍一尺四寸二分重五十七兩上一字不可辨

周象尊

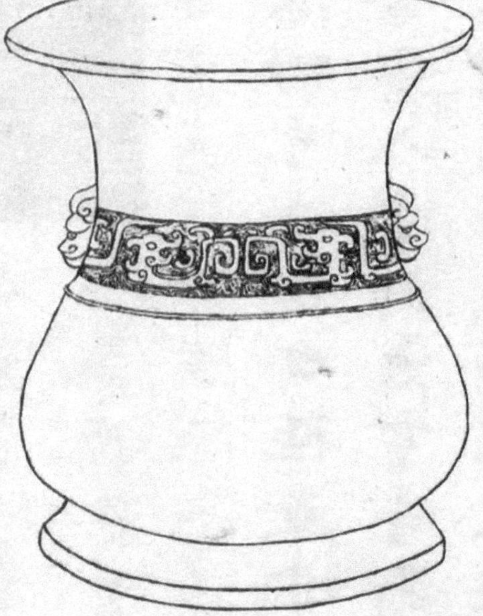

維六月初吉王在鄭丁亥
王格太室邢叔右象王蔑
象歷命史懋錫象○黻垌
黄作司空對揚王休用作
尊彝象其萬年永寶用

右高五寸五分深四寸八分口徑五寸七分腹
圍一尺五寸五分重八十兩太室者廟中之室
格于太室與鐘鼎款識所載師毛父敦戠敦牧
敦銘詞同案禮祭統曰人君爵有德而祿有功
必賜爵於太廟示不敢專也故祭之日一獻君

降立於阼階之南南鄉所命北面史由君右執
策命之正與此銘相叢明下云邢叔右象則如
戠敦之穆公入右戠伯姬鼎之宰頵右寰尨敦
之宰忽右尨司成頌寶尊之宰宏右頌同義蓋
立于王右者有宰有史有諸侯而承王命者則
北面對揚王休也王蔑象歷又與丁卯敦之王
蔑友歷敔敦之王蔑敔歷同案周書君奭篇文
王蔑德傳謂文王精微之德說文訓歷為治蓋
王以象為精微於治故命史懋錫之而作司空
所謂車服以庸之也冋本古文坰字黃如乘黃

齊黄飛黄則坰黄亦馬也空字作工見鐘鼎款
識司空𥾝古文假借多如此

周行尊

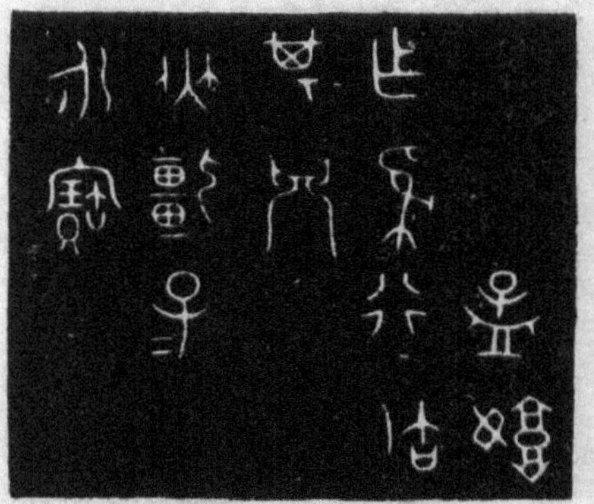

孟婛
作○行○
其眉
無疆子⁼
永寶

右高八寸二分深八寸一分口縱二寸八分橫三寸四分腹圍一尺七寸五分重六十兩銘曰孟婛作桼京字古文作亯丁度集韻曰婛女字也古人女子稱字如姜源聲子成風蕭同叔子

之類彝器中雖有繇女鼎帛女鬲而稱字者不少概見下文有行字蓋行路所需叔夜鼎之銘以征以行公父匜之銘鬻其行匜是也

周父癸尊

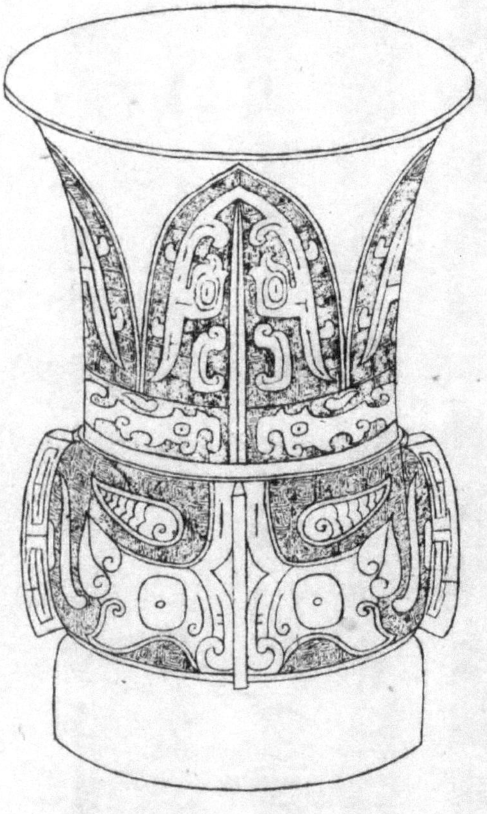

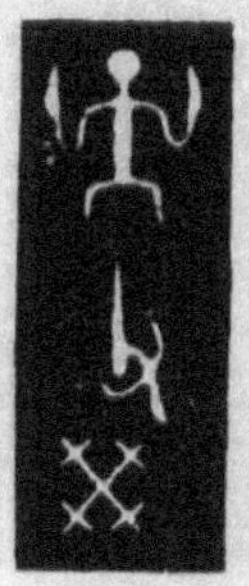

子執刀父癸

右高八寸九分深七寸八分口徑七寸五分腹圍一尺九寸七分重一百七十一兩銘與博古圖鐘鼎款識父癸尊同博古圖以執刀者爲孫字而鐘鼎款識以執刀者爲子字其說曰子執二刀如羞齊則執鸞刀以見其竭力從事於祭祀之間今觀下文言父則知執刀者爲子焉

周乙尊

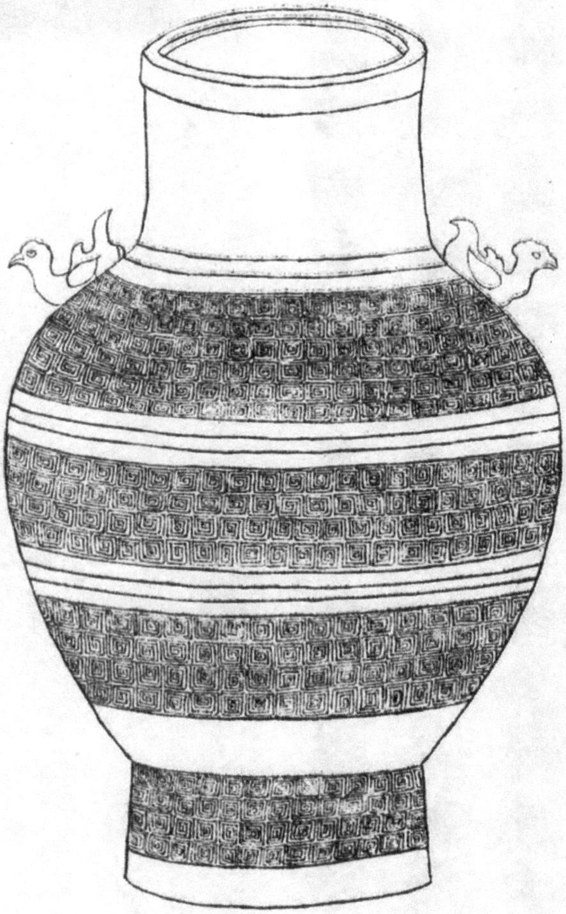

〇〇〇
五金〇乙
稽首敢對
作朕文考
年子〻孫〻

右高一尺二寸四分深一尺四分口徑四寸腹圍二尺六寸七分重一百七十一兩銘詞漫漶文義未全按他器銘有言錫貝錫金擇其吉金者此銘五金吳越春秋云五金之英太陽之精豈以五金作此追享文考之祭器歟乙盖作器

者之名也

寧壽鑑古 卷三

周邢季尊

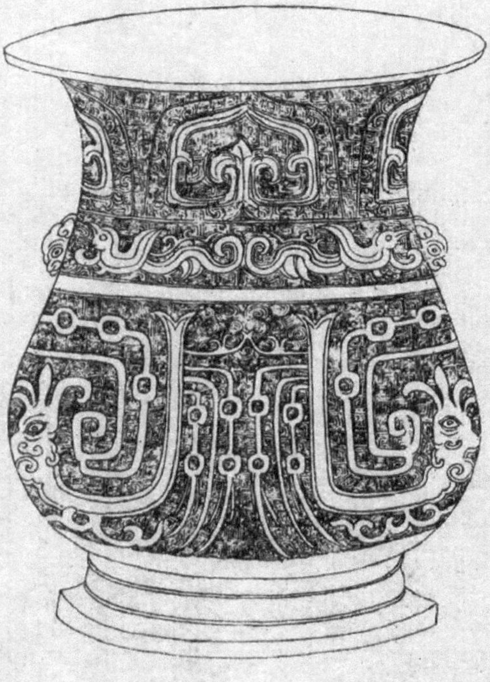

邢季仲史作旅彝

右高五寸五分深四寸八分口徑五寸五分腹圍一尺四寸一分重五十三兩銘詞與西清古鑑周邢季卣同

周友尊

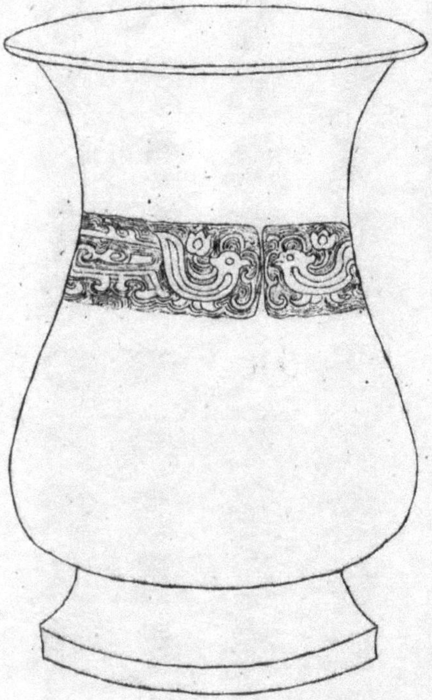

友作
旅彝

右高五寸五分深四寸六分口徑五寸六分腹圍一尺三寸八分重五十四兩案名友見於書傳者諸侯則有鄭桓公大夫則魯有季友齊亦有季友晉有先友吳有太子友宋有公孫友此銘友作蓋作者自識耳

周伯和尊

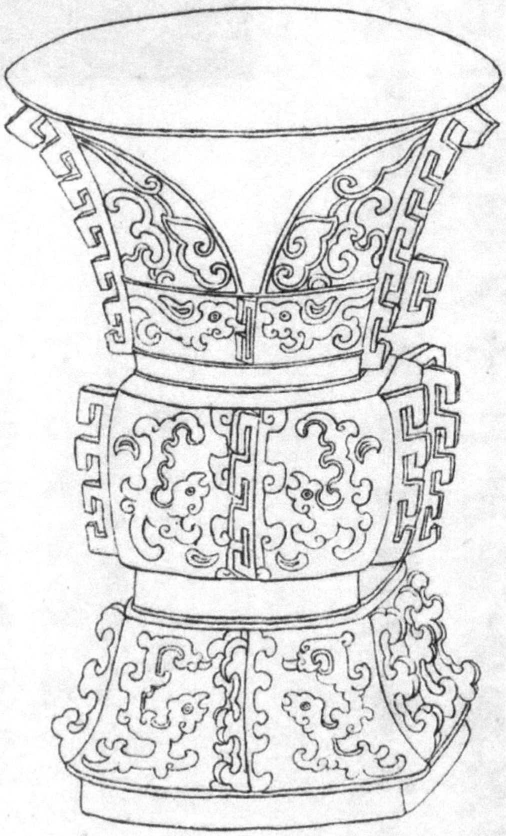

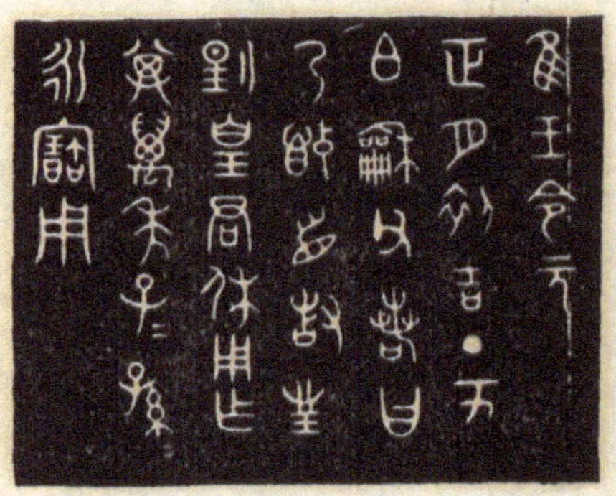

唯王命元
正月初吉丁亥
伯和父若曰
乃稽首敢對
揚皇君休用作
尊萬年子〻孫〻
永寶用

右高八寸二分深六寸二分口徑六寸八分腹圍一尺五寸六分重八十二兩博古圖毀敦銘有伯和父其說以伯和父為衛武公按禮天子稱同姓諸侯曰伯父衛武公名和周平王元年

命衛侯和為公銘稱王命元年是也

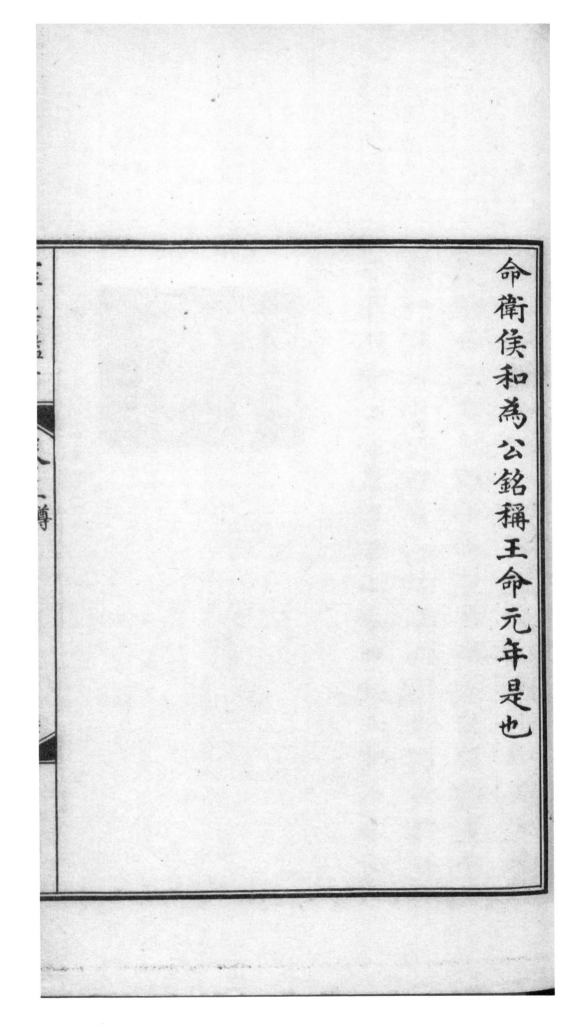

周齊史尊

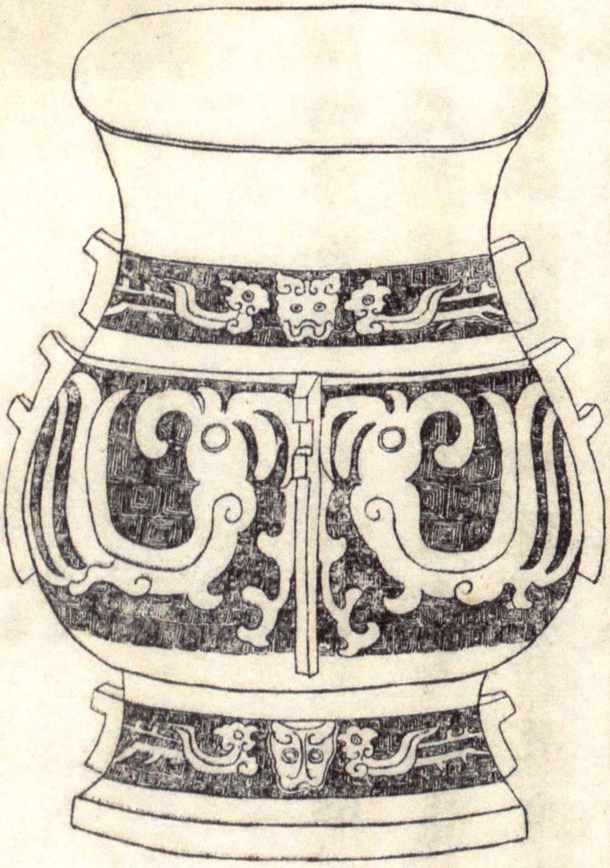

齊莽史喜
作寶尊彝
其萬年子孫
永寶用之

右高六寸深四寸五分口縱四寸三分横五寸一分腹圍一尺六寸八分重五十七兩薛尚功鐘鼎款識有齊莽史鼎銘曰作寶鼎其眉壽萬年與此文法小異其說謂齊莽史喜則古者太史順時覛土是為農官曰莽則薙氏掌殺草春

始生而萌之夏日至而夷之秋則繩而芟之冬日至而耜之故知莽為史之職也然考齊史之見於春秋傳者太史南史之外有史嚚太史子餘無以莽史稱者且魯有祝史晉有祭史筮史俱見左傳是史之名不專屬內史外史左史右史也齊晏子曰山林之木衡鹿守之澤之萑蒲舟鮫守之藪之薪蒸虞候守之海之鹽蜃祈望守之孔穎達曰此皆齊自立之官名故與周禮不同則莽史安知非衡鹿舟鮫之類薛氏以為農官未有確據至喜為人名無疑薛氏又引詩

以為田畯至喜之喜是又因農官而傅會之耳

周錫貝尊

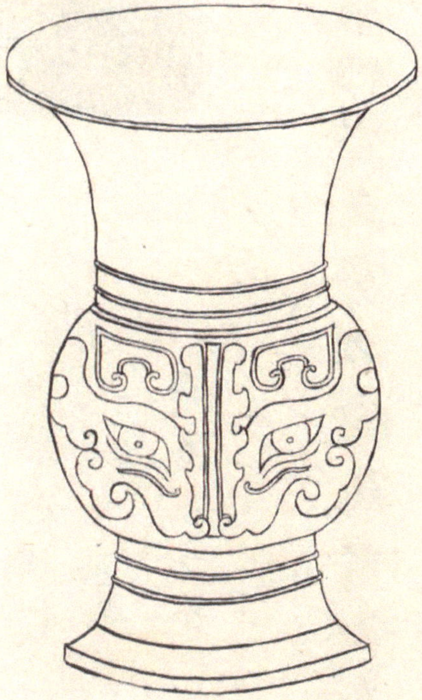

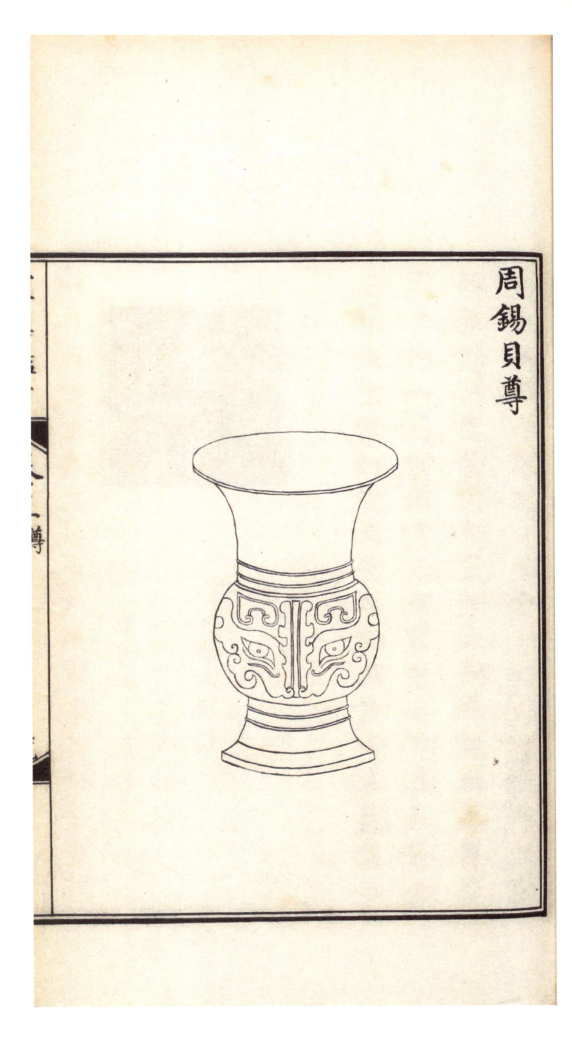

熊〇錫貝于
乃〇〇側入門
〇熊〇用作
文父日乙寶
尊彝析子孫

右高五寸深四寸五分口徑五寸六分腹圍一
尺六寸一分重五十三兩銘首一字爲熊案古
有熊氏左傳有熊宜僚及熊率且比蓋其族
也曰日乙者舉其日之吉也博古圖鐘鼎款識

所載彝器如日己寶尊見于大夫始鼎曰乙寶
尊彝見于師淮父卣舊説皆謂舉日之吉焉

周貫尊

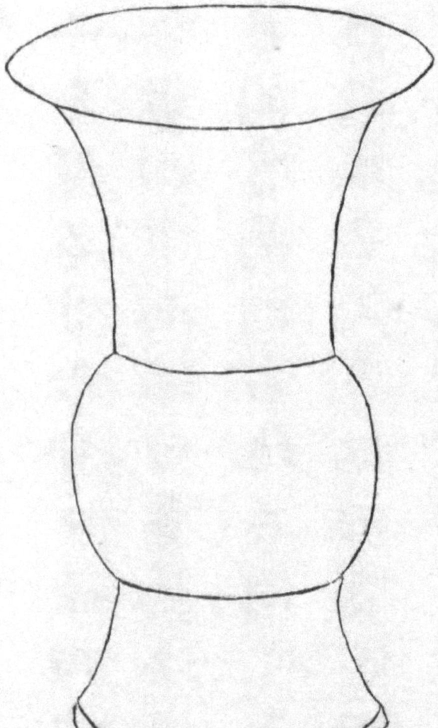

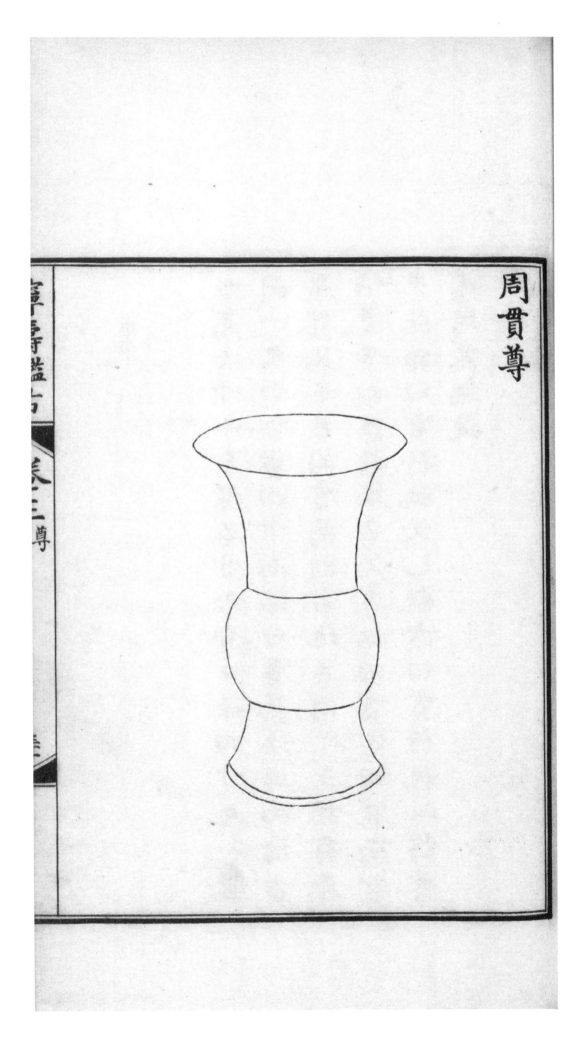

貫

右高七寸一分深五寸六分口徑四寸九分腹圍一尺六分重四十兩銘曰貫篆法與西清古鑑貫父辛彝同貫爲國名地名周之王族有原伯貫棨鐘鼎款識名父尊銘曰貫侯四駣南宮中鼎銘曰貫行執父乙甗亦曰貫行執丗銘貫爲周器無疑

周楚母尊

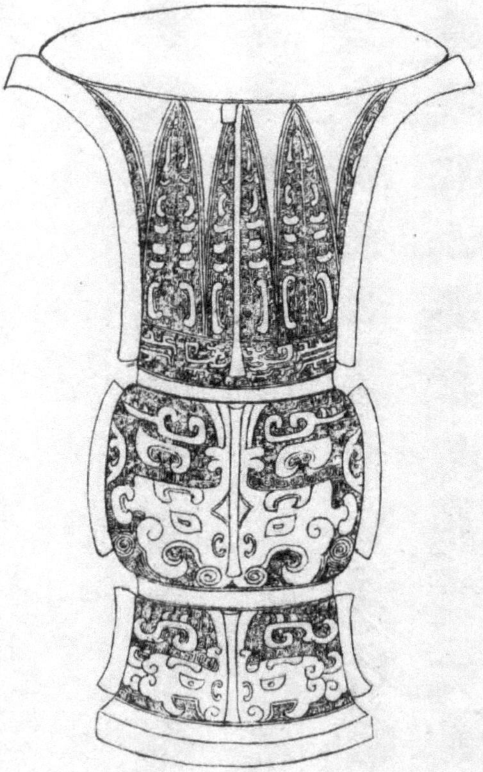

鱸作母工○
尊彝冊立戈形

右高七寸八分深六寸九分口徑六寸腹圍一尺一寸五分重六十七兩銘文云鱸作母尊彝鱸即楚字攷許氏説文引詩云衣裳鱸鱸徐鉉謂今詩作楚楚假借也按鄭樵通志氏族畧楚國自熊繹至負芻凡四十五世其後以國為氏魯有楚邱趙襄子家臣有楚隆左傳有林楚莊

子有庚桑楚則楚又人名是器爲氏與名均無
可考

周婦尊一

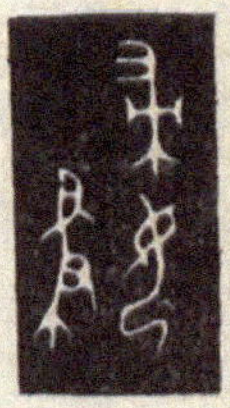

婦㚸

右高九寸七分深七寸五分口徑八寸腹圍一尺四寸四分重二百三兩博古圖有婦庚卣其說曰㚸器多以子孫銘之以其承祖考之祀者有在於是若乃中饋之職從其夫以相祀事此又婦於舅姑之禮以人道事神則宗廟致欽之義婦宜預焉此銘是也

周婦尊二

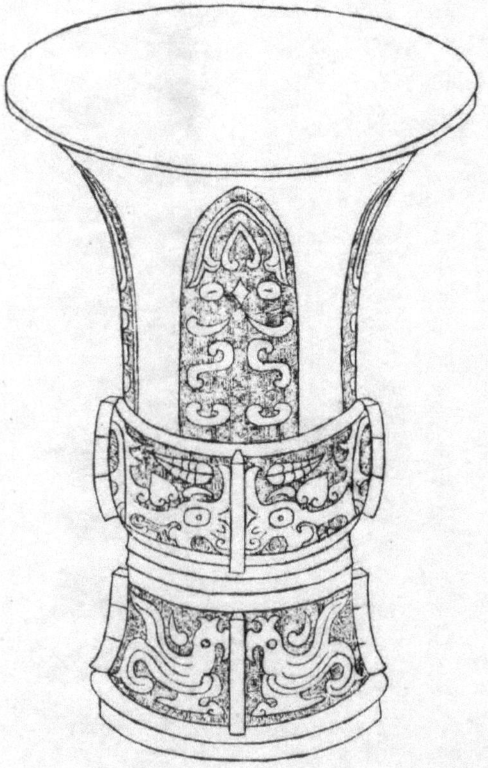

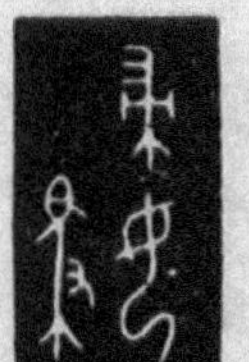

婦彝

右高一尺一分深七寸六分口徑八寸腹圍一尺四寸二分重一百二十九兩

周子孫尊一

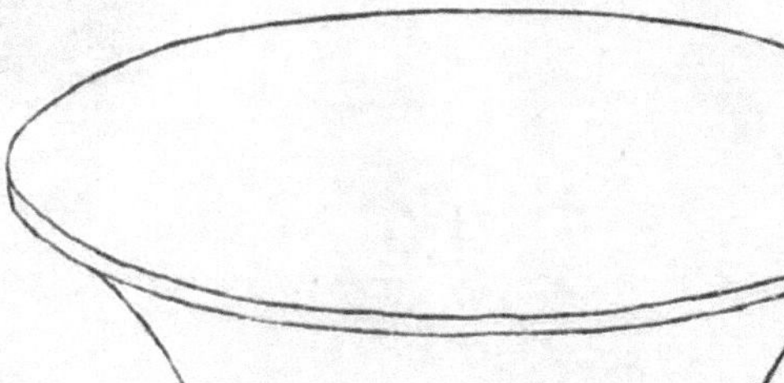

子〻孫
作寶

右高九寸一分深六寸八分口徑七寸五分腹
圍一尺二寸八分重七十四兩銘與西清古鑑
周夔龍尊同

周子孫尊二

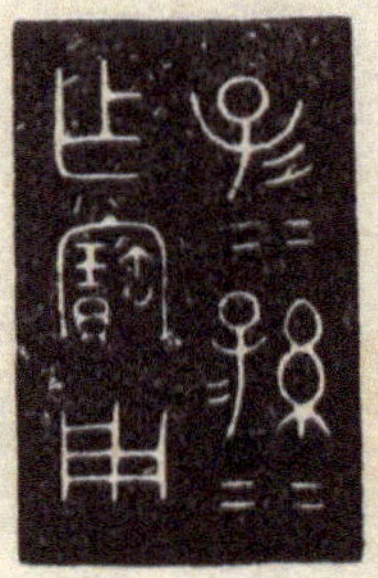

子〻孫〻作寶用

右高九寸四分深七寸口徑七寸五分腹圍一尺二寸八分重八十九兩

周著尊一

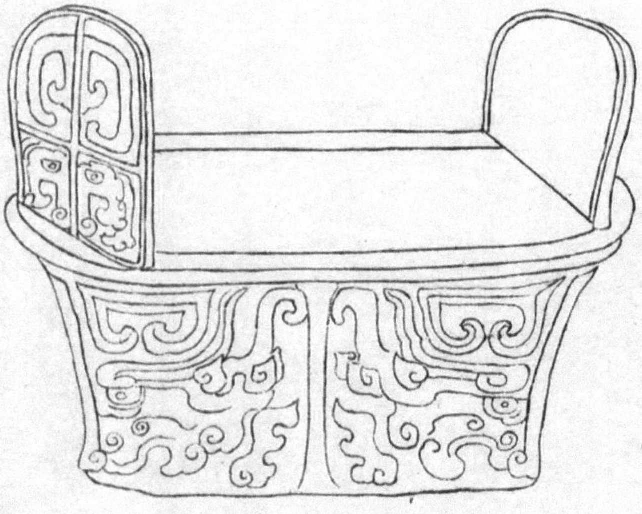

右高三寸五分深三寸三分耳高三寸四分耳闊三寸三分口縱二寸八分横五寸二分腹圍一尺四寸二分重六十兩禮明堂位商尊曰著周官司尊彝朝獻用兩著尊注以為著地而無足也

周著尊二

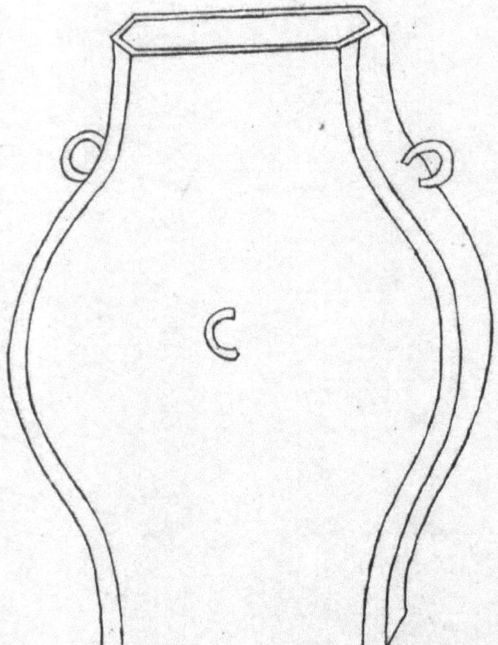

右高九寸四分深八寸九分口縱二寸二分橫三寸四分腹圍一尺五寸七分重六十三兩

周著尊三

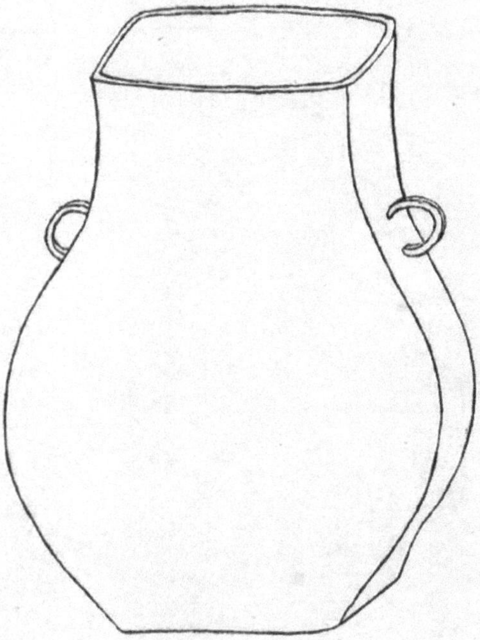

右高七寸五分深六寸八分口縱二寸九分橫
三寸七分腹圍一尺六寸七分重五十二兩

周著尊四

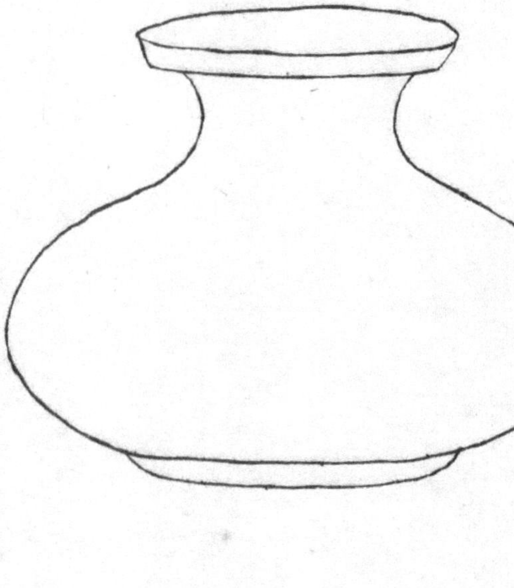

右高三寸二分深三寸一分口徑三寸腹圍一尺四寸重十八兩

周著尊五

右高四寸五分深四寸三分口徑三寸腹圍五寸七分重二十五兩

周著尊六

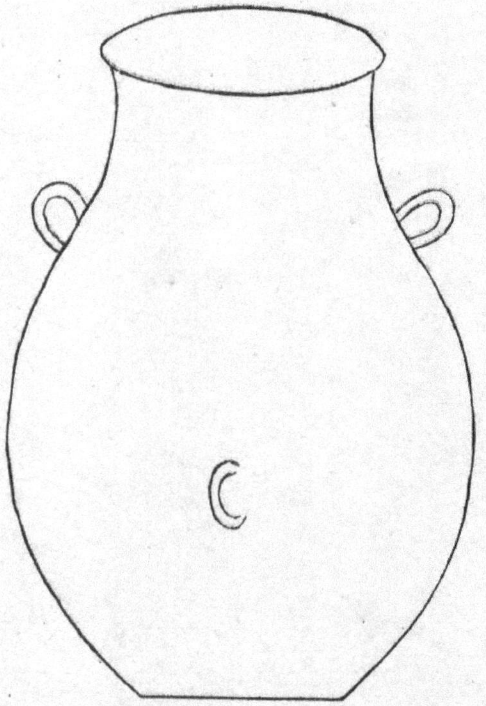

右高七寸四分深七寸二分口縱二寸五分横三寸五分腹圍一尺四寸五分重三十七兩

周著尊七

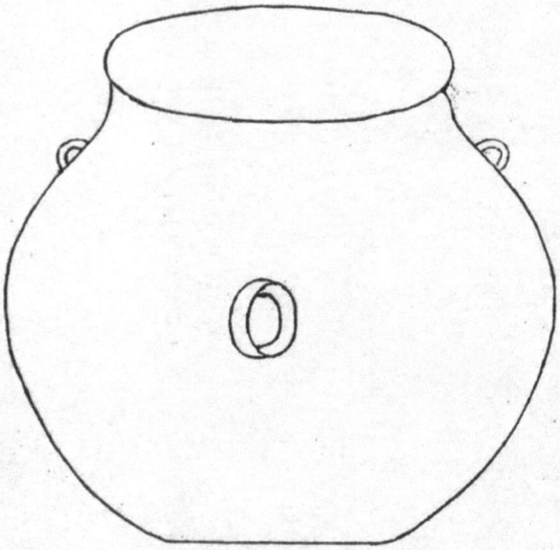

右高三寸三分深三寸二分口縱一寸八分橫二寸六分腹圍一尺二寸四分重十四兩

周著尊八

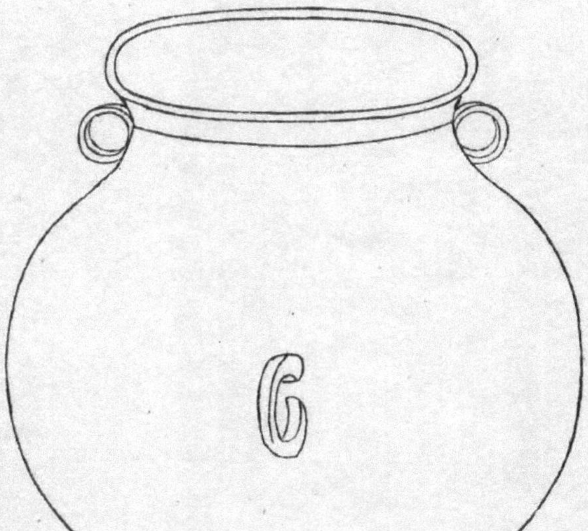

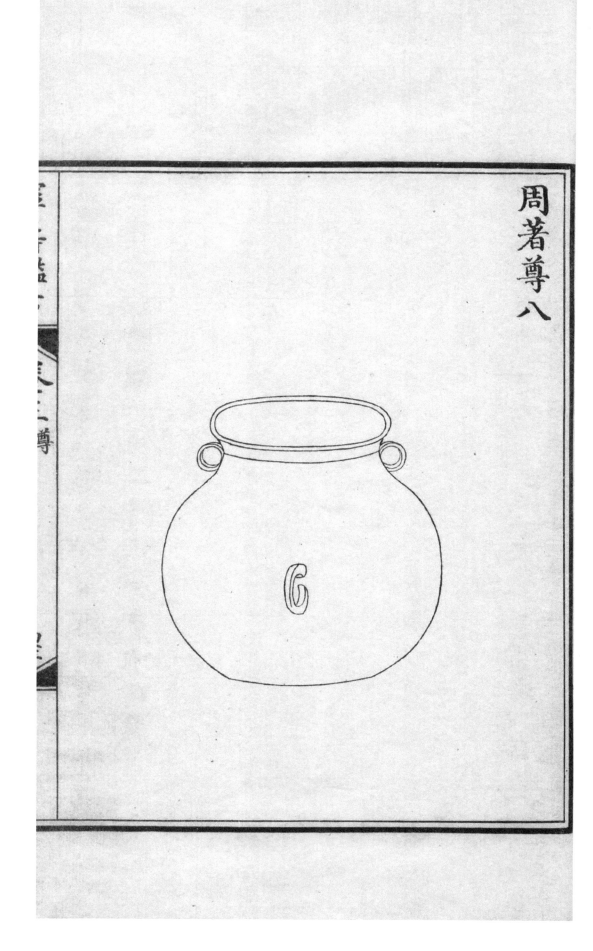

右高三寸六分深三寸五分口縱二寸一分横二寸四分腹圍一尺一寸八分重十六兩

寧壽鑑古卷四目録

尊二

周

寶尊三有銘
犧尊一
犧尊二
犧尊三
犧尊四
犧尊五
犧尊六
犧尊七
犧尊八
犧尊九

獸耳尊二

周析子孫尊

主○
析子孫

右高七寸六分深五寸九分口徑五寸四分腹圍一尺一寸三分重五十八兩薛尚功鐘鼎款識有主孫彝主人舉爵此銘主下字漫漶不可辨案禮稱主人自盡其敬主婦自東房皆主祭者自謂又有以所祭為主如家主中霤國主社之類析子孫為祈祝義見呂大臨父乙卣考

周亞尊一

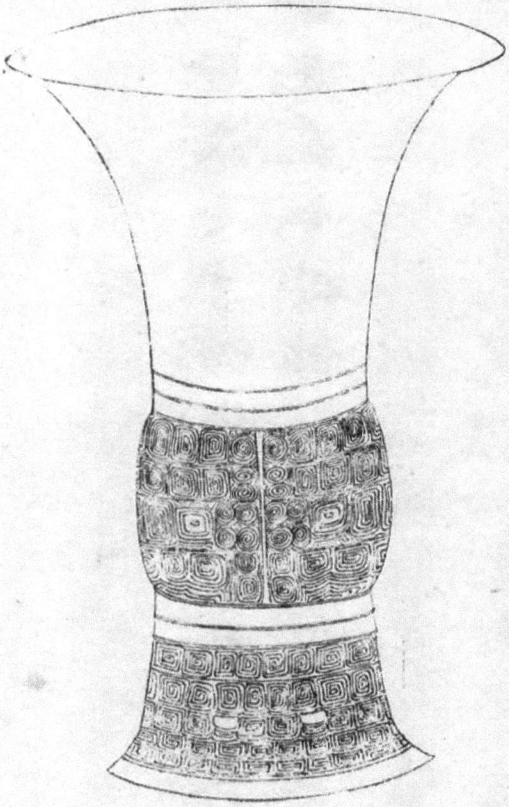

亞形中
格上三矢尊彝

右高八寸一分深七寸四分口徑六寸二分腹
圍九寸八分重五十四兩

周亞尊二

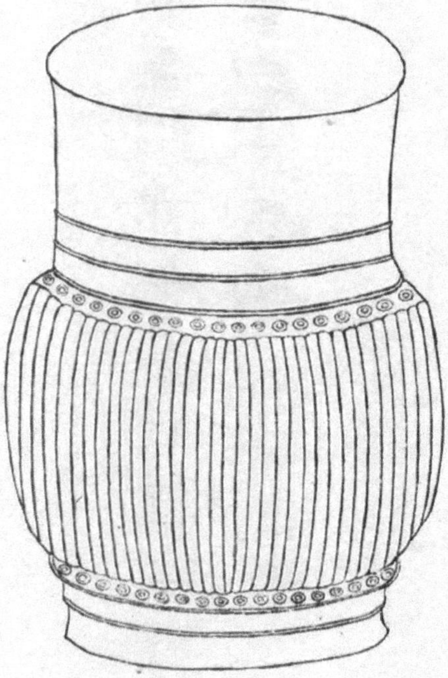

亞形 格上三矢
中 尊彝

右高四寸七分深四寸六分口徑三寸五分腹圍一尺二寸重四十五兩

周亞尊三

亞形立旗形

中○○

右高四寸深三寸七分口縱一寸三分橫一寸六分腹圍九寸五分重一十六兩金銀錯亞形中右作立旗形者取其書功太常之義左字漫漶不可辨

周亞尊四

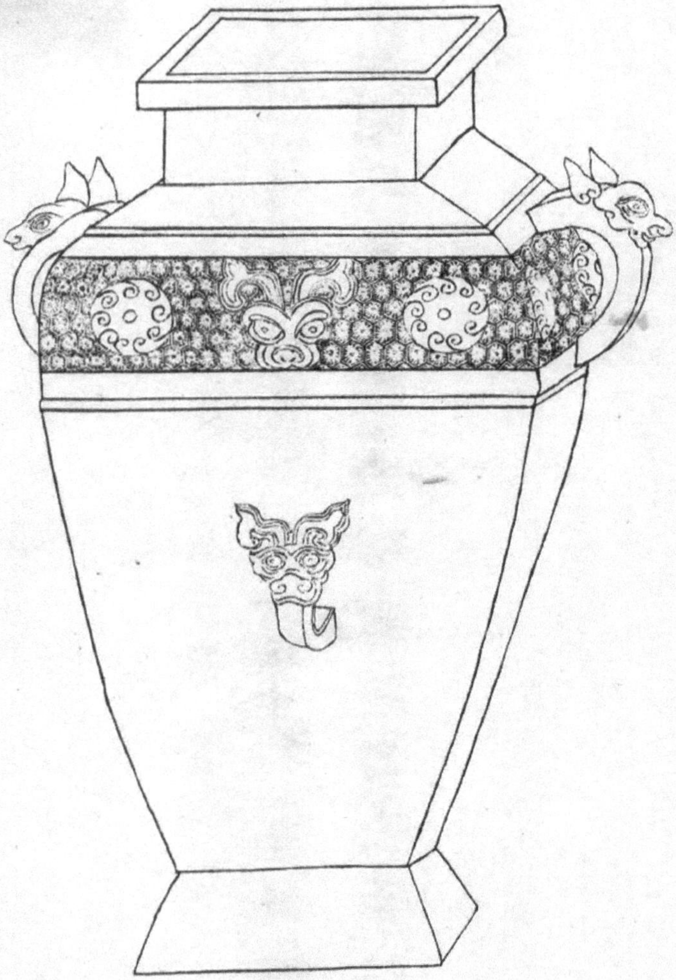

亞形格上三矢
中尊彝

右高一尺二寸五分深一尺一寸一分口徑四寸五分腹圍二尺六寸四分重三百六十八兩

周寶尊一

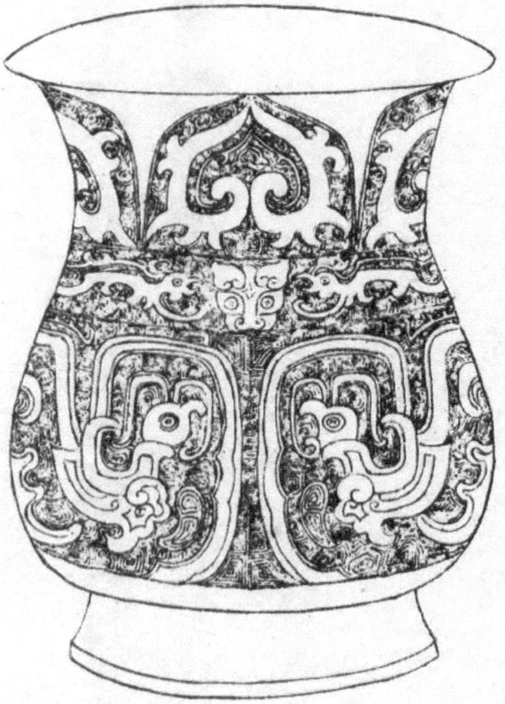

作寶彝

右高五寸二分深四寸七分口徑五寸三分腹圍一尺三寸重四十兩

周寶尊二

作寶彝

右高七寸二分深五寸八分口縱五寸七分橫六寸八分腹圍一尺三寸五分重五十七兩

周寶尊三

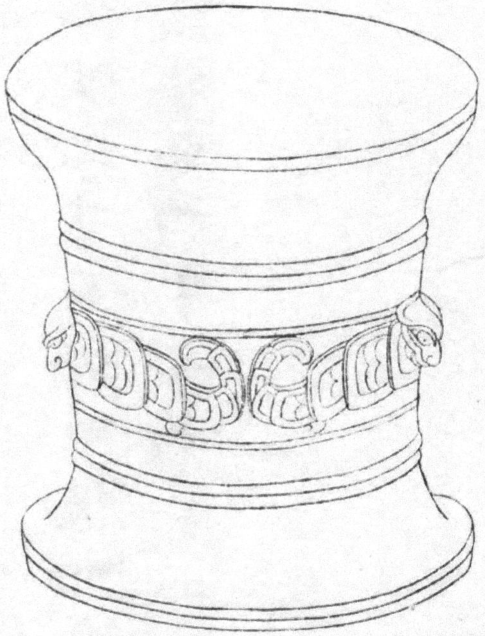

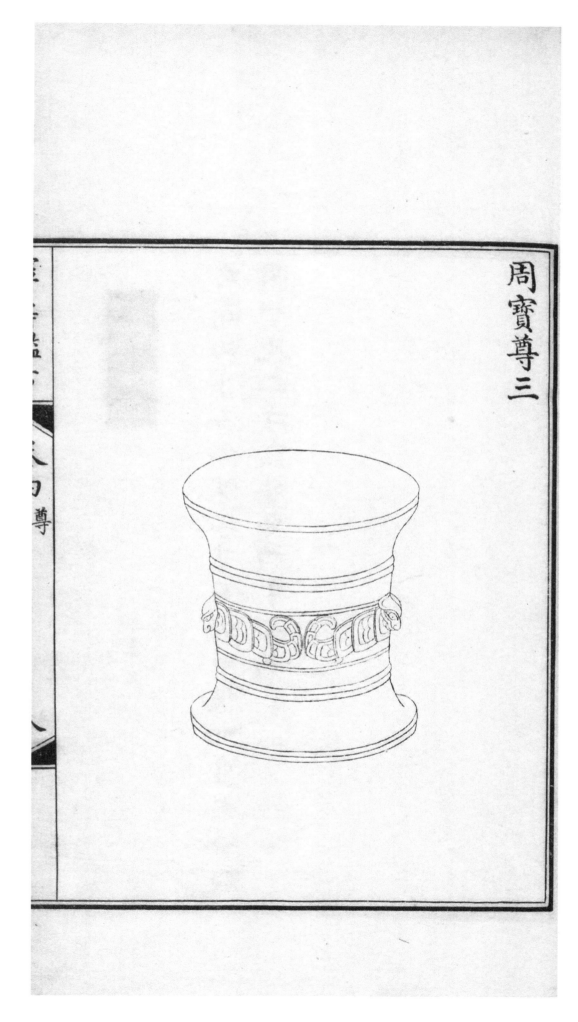

作寶彝

右高四寸五分深二寸五分口徑四寸九分腹圍一尺二寸三分重四十七兩

周犧尊一

右通蓋高五寸三分耳高一寸八分濶七分深三寸一分口徑一寸九分通長一尺八分濶三寸五分重一百五十二兩

周犧尊二

右通蓋高七寸三分耳高一寸六分濶七分深
四寸五分口徑二寸二分通長一尺九分濶四
寸七分重一百四十兩

周犧尊三

右通蓋高八寸五分耳高二寸三分濶一寸二分深四寸六分口徑三寸二分通長一尺五寸濶五寸八分重三百六十三兩金銀錯

周犧尊四

右通蓋高五寸二分耳高一寸七分闊八分深三寸一分口縱一寸八分橫三寸五分重一百二十八兩金銀錯

周犧尊五

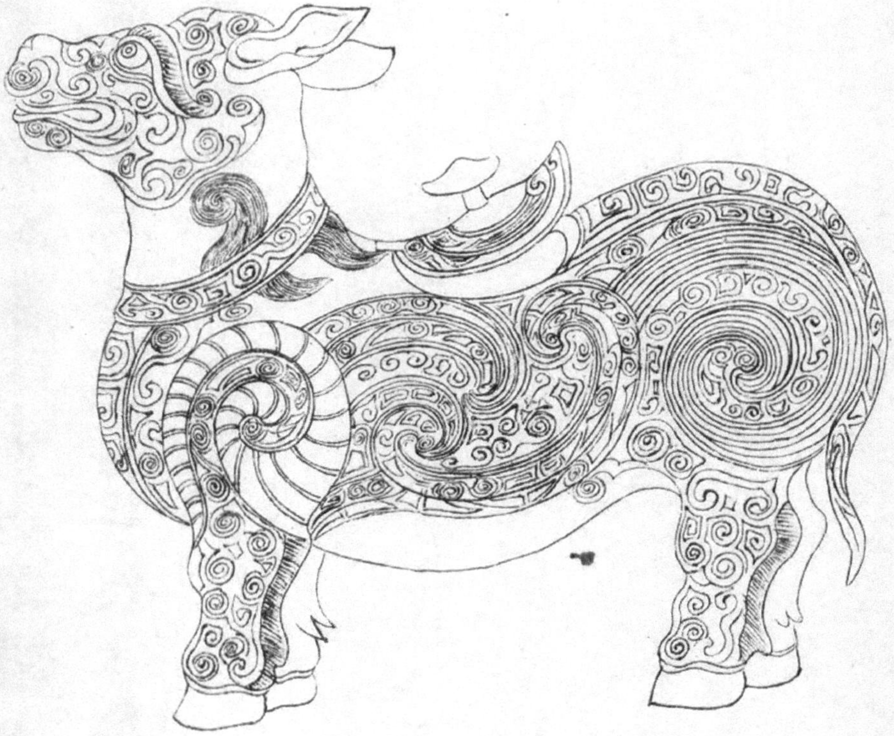

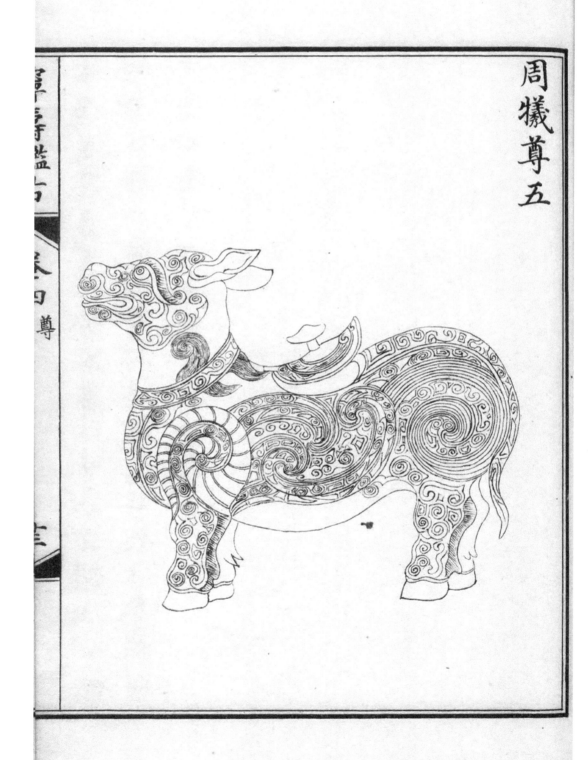

右通蓋高五寸六分耳高一寸八分闊八分深三寸六分口徑二寸一分通長一尺八分闊四寸二分重一百五十兩金銀錯

周犧尊六

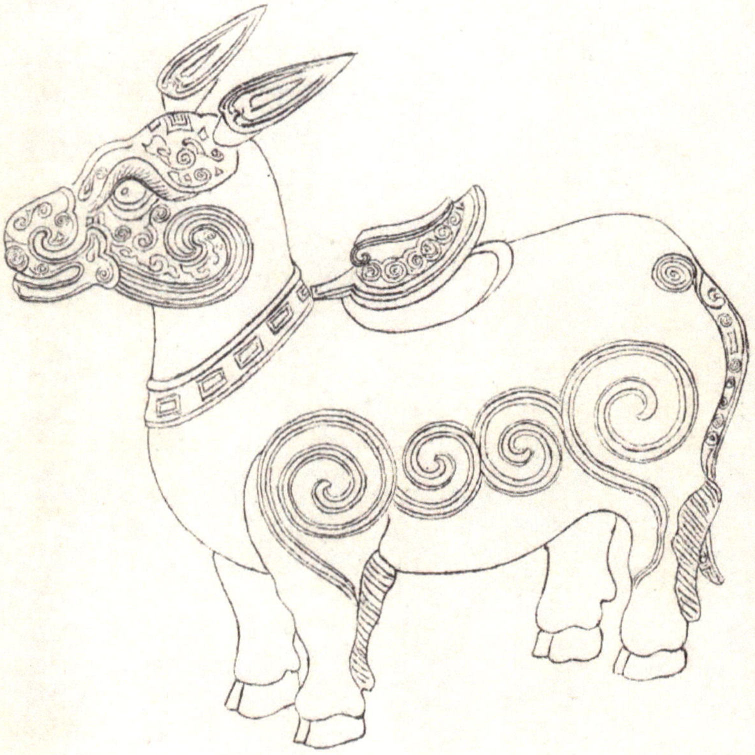

右通蓋高三寸四分耳高一寸濶五分深一寸八分口徑一寸四分通長六寸九分濶二寸四分重四十四兩金銀錯

周犧尊七

右通蓋高五寸七分耳高一寸七分濶八分深三寸三分口徑二寸通長一尺五分濶四寸二分重一百三十一兩金銀錯

周犧尊八

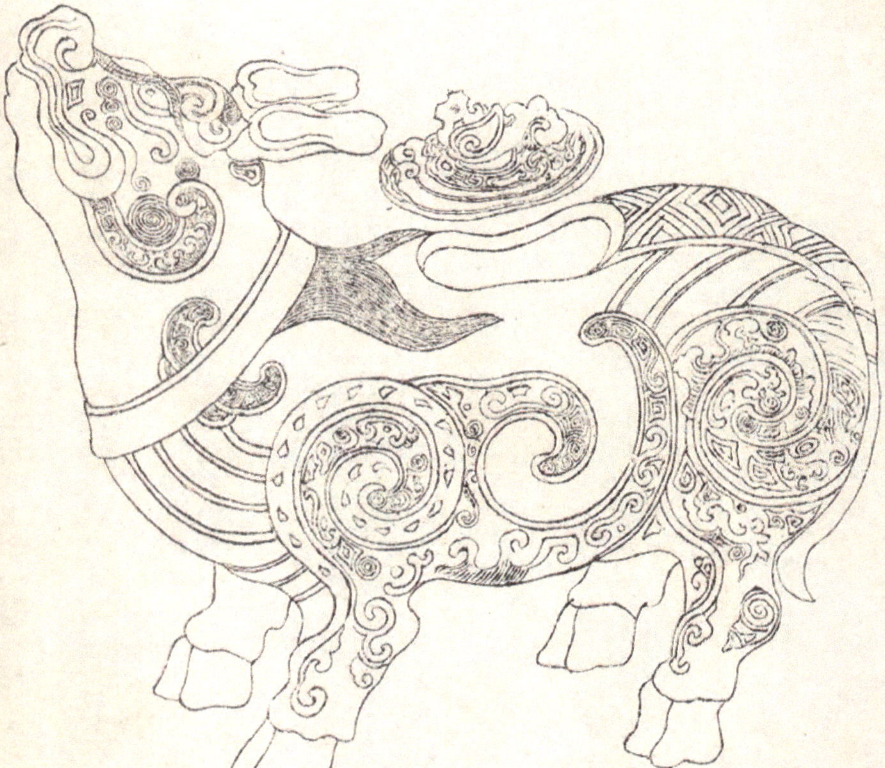

右通蓋高五寸五分耳高一寸五分濶七分深三寸三分口徑一寸九分通長一尺一寸濶四寸五分重一百七十九兩金銀錯

周犧尊九

右通蓋高四寸七分耳高一寸六分濶八分深
三寸口徑一寸九分通長一尺三分濶四寸三
分重一百五十一兩

周犧尊十

右通蓋高六寸耳高一寸四分濶七分深三寸
三分口徑二寸通長一尺七分濶四寸一分重
一百四十九兩

周犧尊十一

右通蓋高八寸深四寸二分口徑一寸七分通長一尺一寸五分濶四寸五分重一百二十三兩

周犧尊十二

右通蓋高四寸九分耳高一寸七分濶八寸深三寸口徑一寸六分通高九寸濶三寸五分重一百兩金錯

周犧尊十三

右通蓋高二寸二分耳高一寸濶五分深一寸五分口徑八分通長四寸五分濶一寸七分重二十兩金銀錯

周犧尊十四

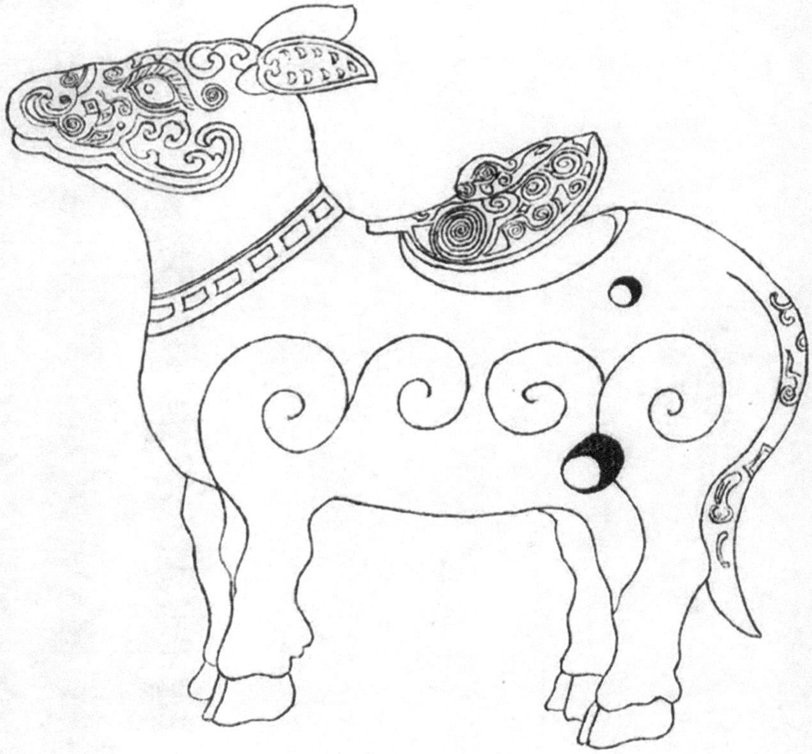

右通蓋高六寸五分耳高一寸五分闊八分深三寸八分口徑二寸三分通長一尺二寸二分闊四寸四分重一百六十五兩金銀錯

周犧尊十五

右通蓋高五寸九分耳高二寸濶八分深三寸八分口徑二寸五分通長一尺二寸五分濶五寸四分重一百四十四兩金銀錯

周天雞尊

右高七寸八分深六寸口縱一寸八分橫二寸三分通長七寸濶二寸四分重九十六兩金銀錯

周雞尊

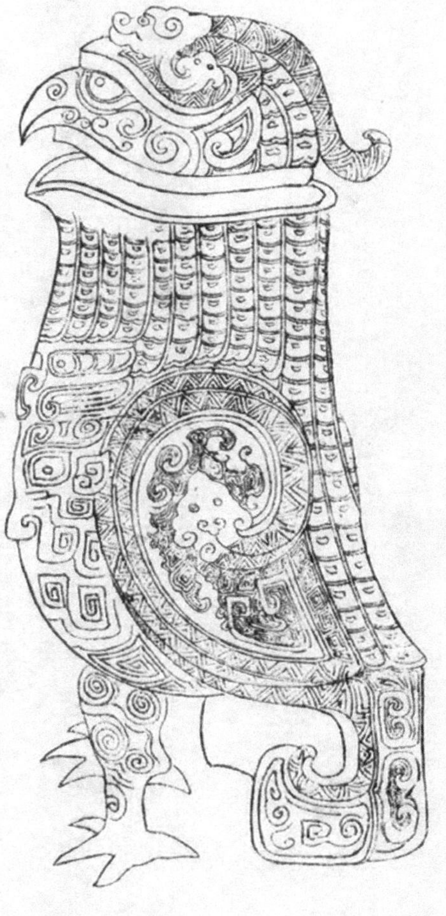

右通盖高六寸七分深三寸八分口縱二寸八
分腹圍九寸重四十四兩金銀錯周官司尊彝
六彝有雞六尊無雞案宋考古圖有象彝呂大
臨以為禮有象尊而不聞象彝疑記有脫畧然
則雞尊亦象彝類也

周鳧尊一

右高九寸七分深五寸八分口徑三寸通長一尺三寸三分濶六寸以口為流有提梁重一百八十四兩金銀錯按博古圖鳧壺說曰鳧之為物出入於水而不溺水以況習禮之義又有鳧尊說曰周官六尊皆取形似而鳧不與則知鳧尊者古人用於燕飲之間非宗廟祭祀之器然攷鳧鷖一篇皆稱公尸朱子以為賓尸之樂陸佃埤雅謂鳧鷖安樂於水故詩人為神祇祖考安樂之辟則鳧尊亦未始不用於宗廟中也

周鳧尊二

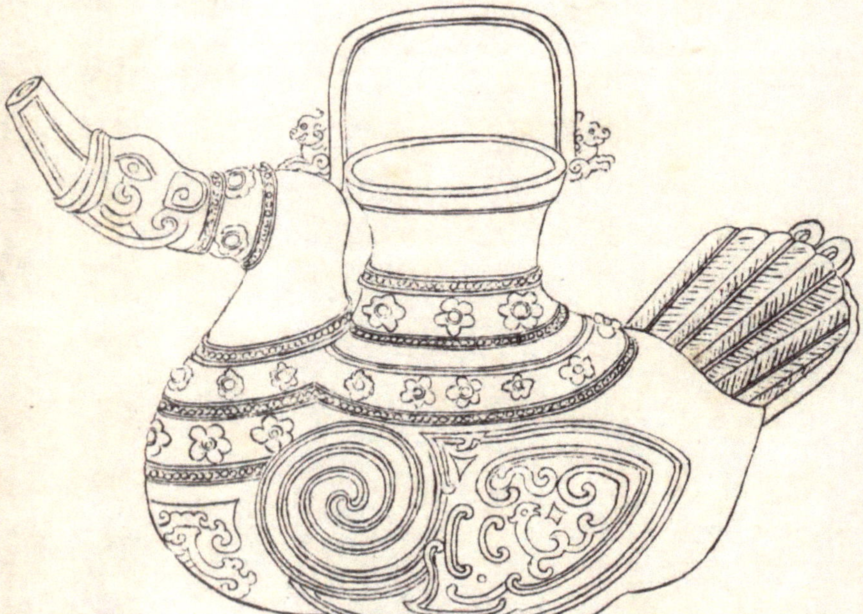

右高六寸八分深五寸一分口徑二寸七分通長一尺三分濶四寸六分以口為流有提梁重一百兩金銀錯

周鳧尊三

右通蓋高六寸深四寸七分口徑二寸二分通
長七寸七分濶五寸六分以口為流有提梁重
六十二兩金銀錯

周饕餮尊一

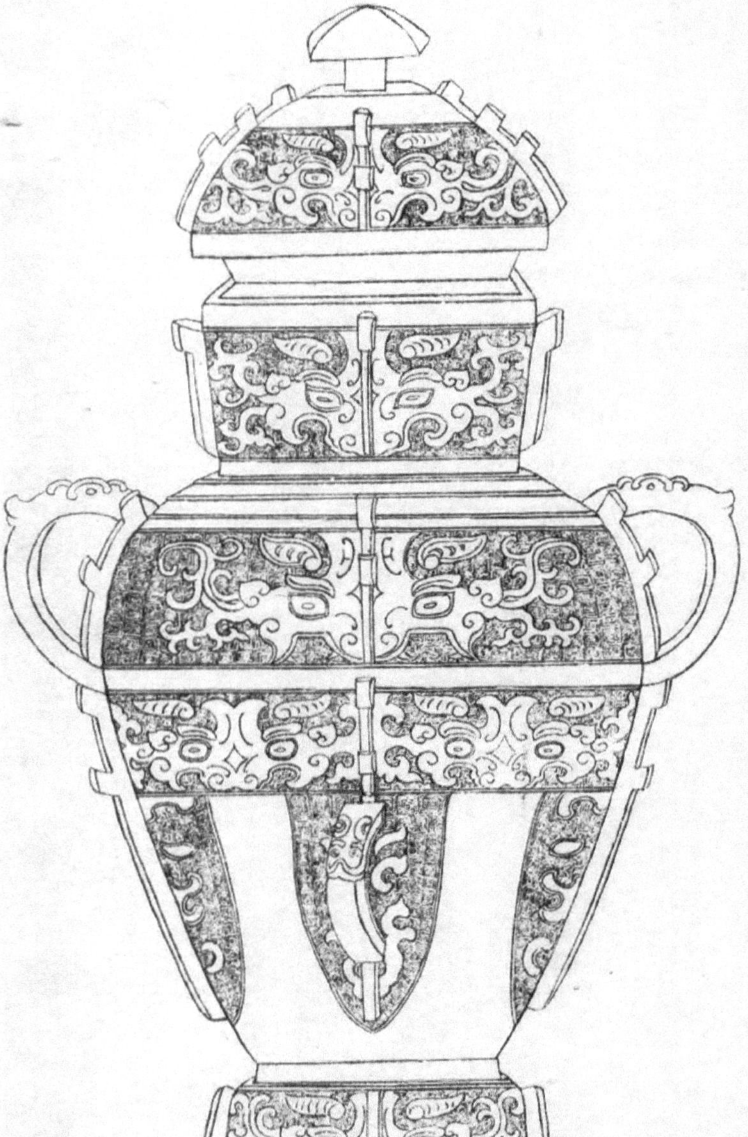

右通盖高一尺八寸三分深一尺二寸三分口縱四寸横五寸五分腹圍三尺五分重二百六十三兩

周饕餮尊二

右高八寸深七寸口徑六寸腹圍一尺六分重
七十兩塗金

周饕餮尊三

右高六寸二分深五寸口縱四寸八分橫五寸三分腹圍一尺五寸重五十三兩銘文剥落不可識

周饕餮尊四

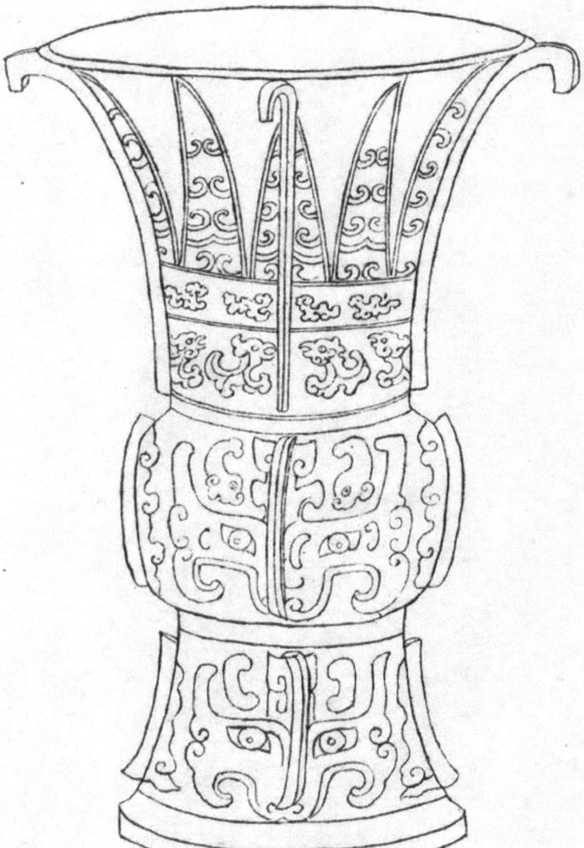

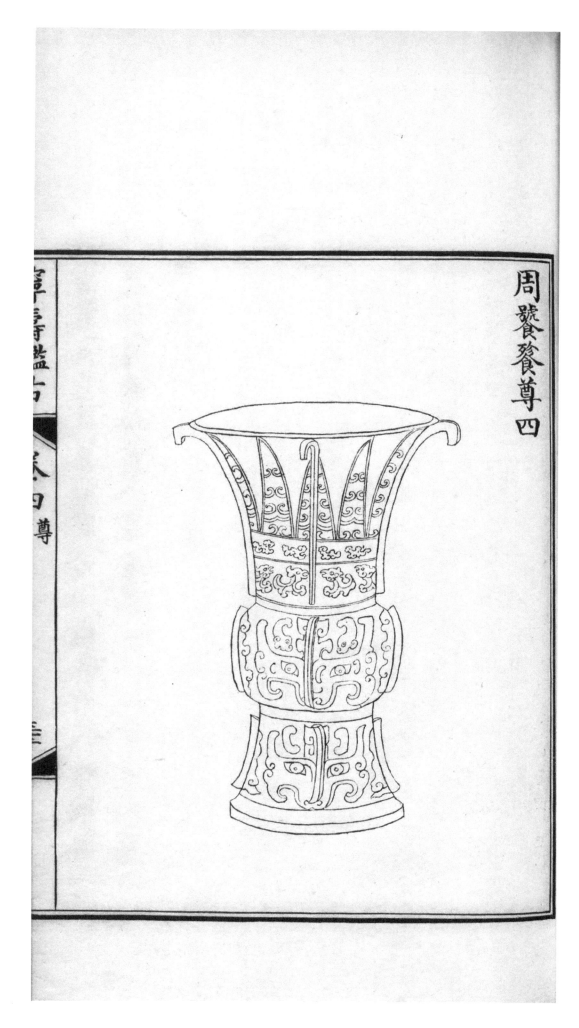

右高九寸深七寸四分口徑六寸八分腹圍一
尺二寸七分重八十三兩

周饕餮尊五

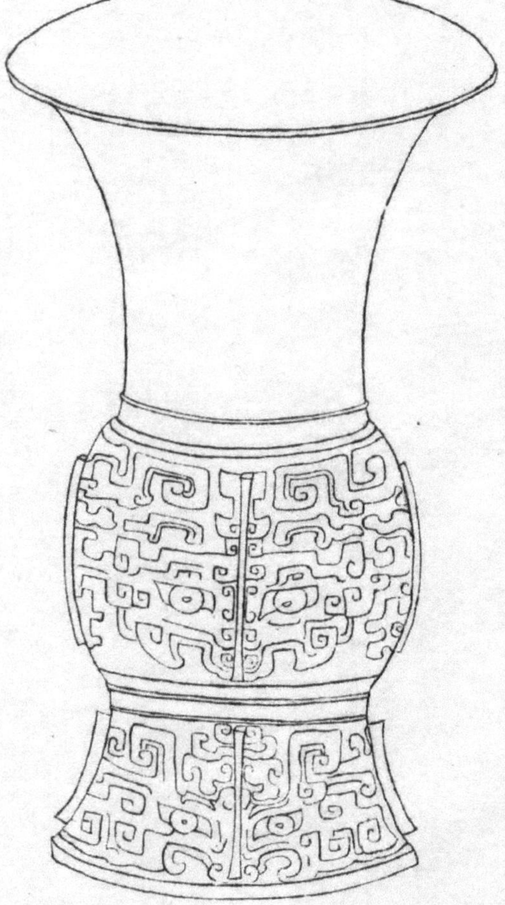

右高八寸六分深六寸六分口徑六寸五分腹
圍一尺二寸二分重五十九兩

周饕餮尊六

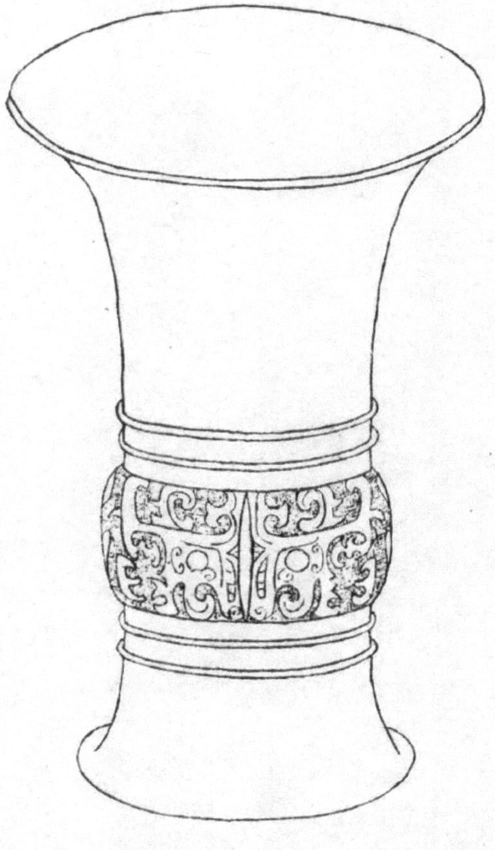

右高七寸八分深六寸三分口徑五寸八分腹
圍一尺一寸六分重四十七兩

周饕餮尊七

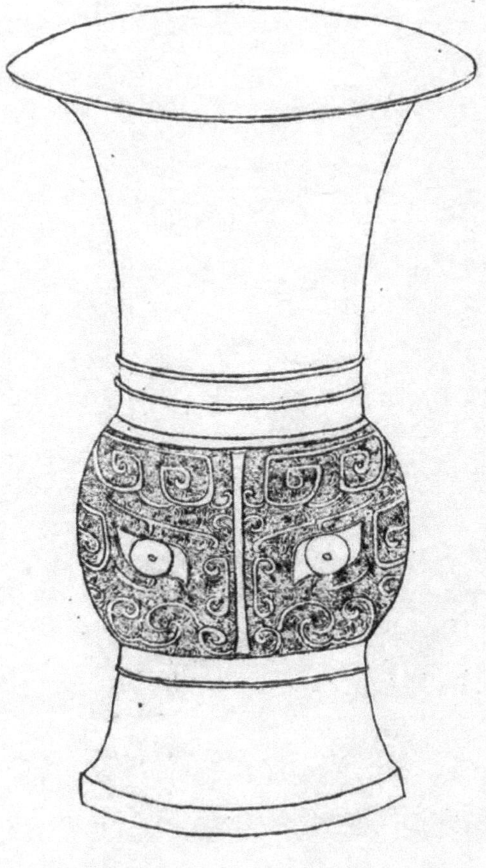

右高七寸九分深六寸六分口徑六寸一分腹
圍一尺二寸三分重六十三兩

周犧耳尊

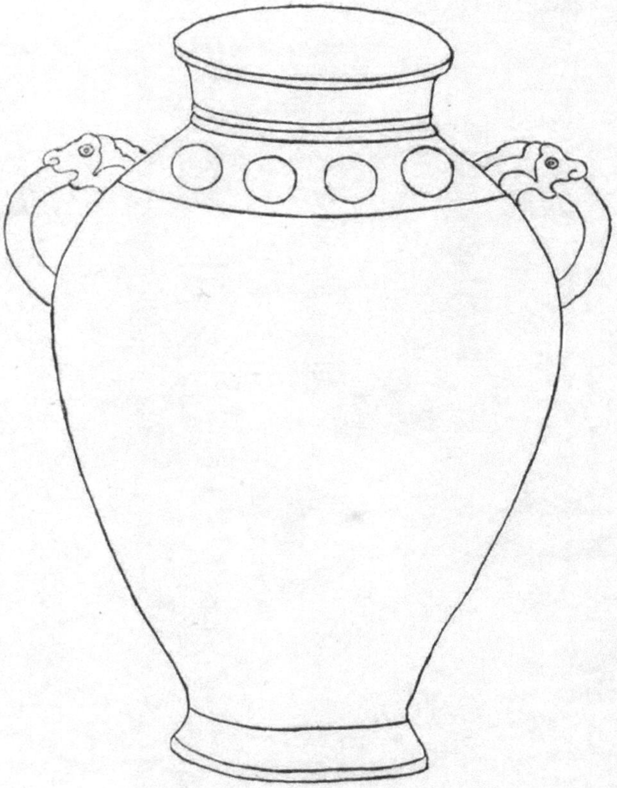

右高九寸六分深八寸六分口径四寸七分腹
圍二尺五寸五分重一百九十六兩

周獸耳尊一

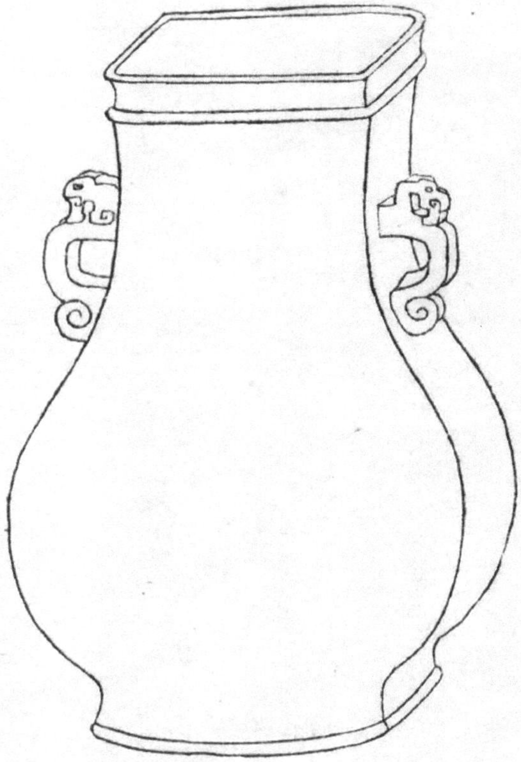

右高七寸一分深六寸三分口縱二寸三分橫二寸八分腹圍一尺三寸五分重五十六兩

周獸耳尊二

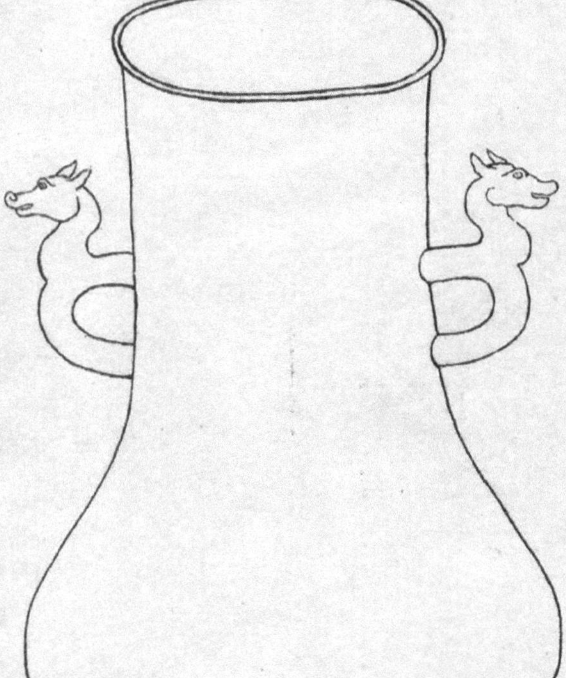

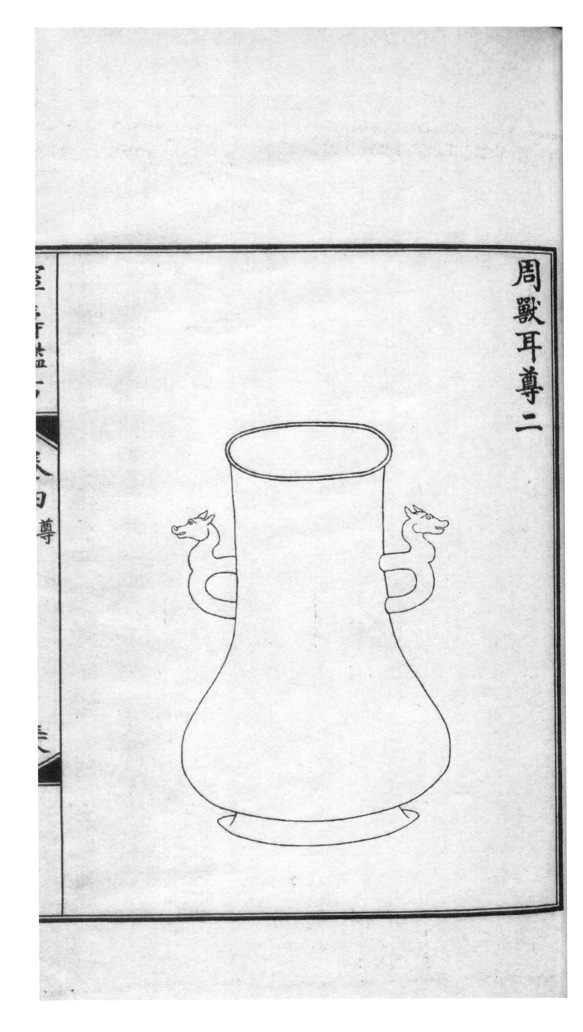

右高一尺一寸五分深一尺六分口縱四寸五分橫五寸一分腹圍二尺二寸六分重九十四兩

寧壽鑑古卷五目録

尊三

周

蟠夔尊七

蟠夔尊八

蟠夔尊九

鳳紋尊一

鳳紋尊二

夔紋尊

環紋尊

絡紋尊

絢紋尊

弦紋尊

蟬紋尊

素尊

漢

芝鹿尊

夔鳳尊

天雞尊一

天雞尊二

雞尊

鳩尊

鳧尊一

唐

周盤雲尊

右高一尺二分深八寸八分口縱三寸七分橫
四寸四分腹圍二尺重一百五十二兩

周蟠夔尊一

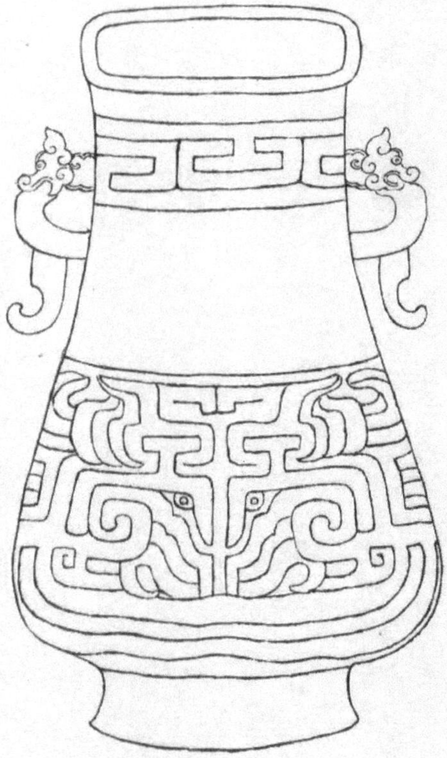

右高六寸九分深六寸四分口縱二寸三分横
三寸三分腹圍一尺二寸七分重五十两

周蟠夔尊二

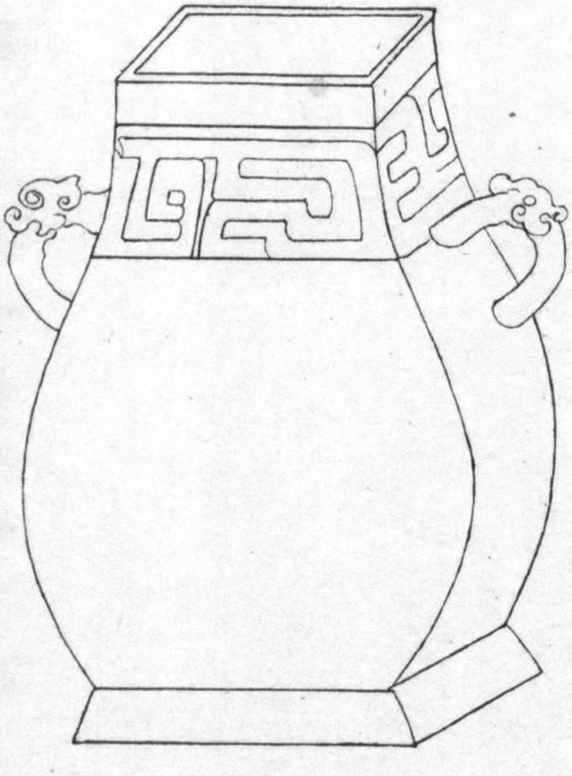

右高七寸二分深六寸六分口縱二寸三分橫二寸八分腹圍一尺六寸重六十六兩

周蟠夔尊三

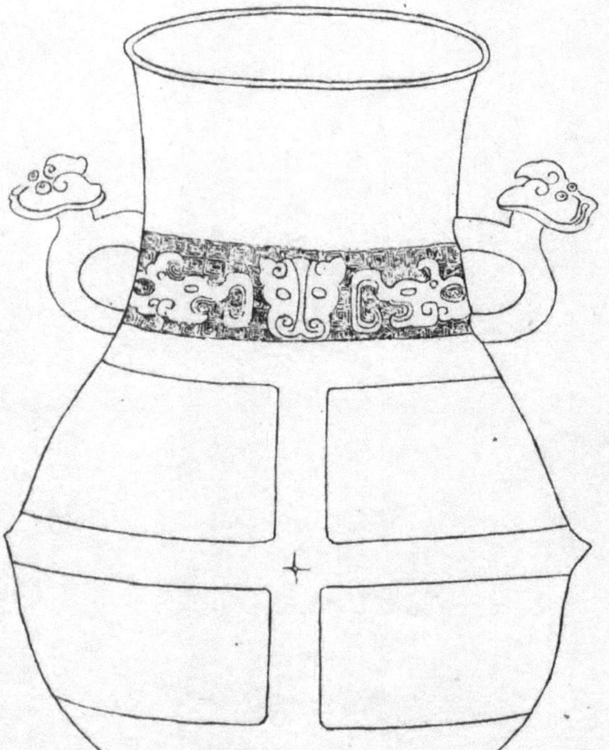

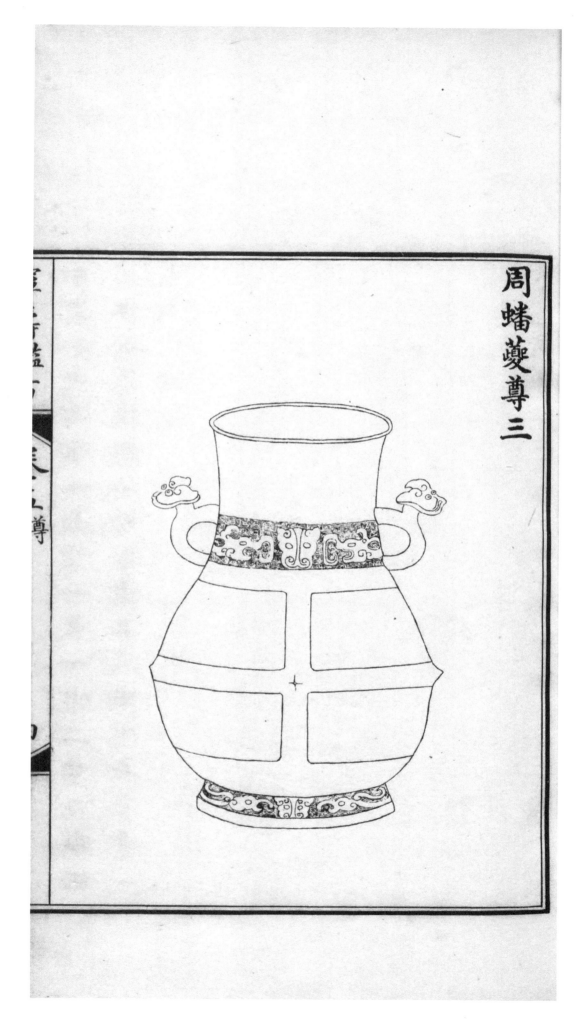

右高一尺二寸一分深一尺一寸二分口縱四寸五分橫五寸九分腹圍二尺四寸七分重一百六十四兩

周蟠夔尊四

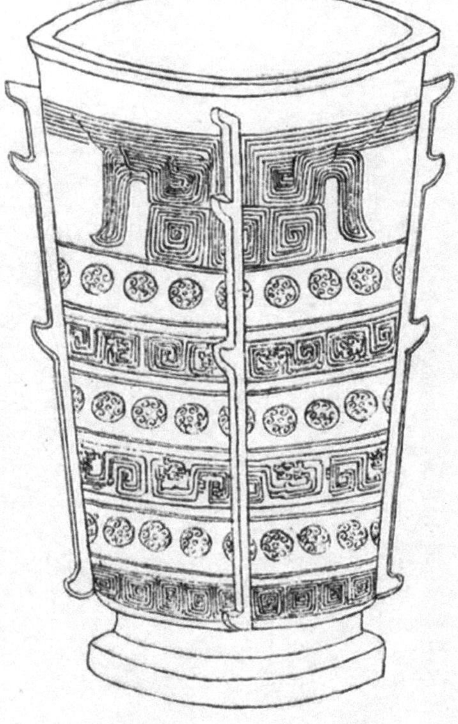

右高七寸八分深六寸四分口縱四寸二分橫
五寸三分腹圍一尺二寸五分重一百六兩

周蟠夔尊五

右高九寸九分深九寸七分口縱四寸橫五寸
二分腹圍二尺三寸五分重一百兩

周蟠夔尊六

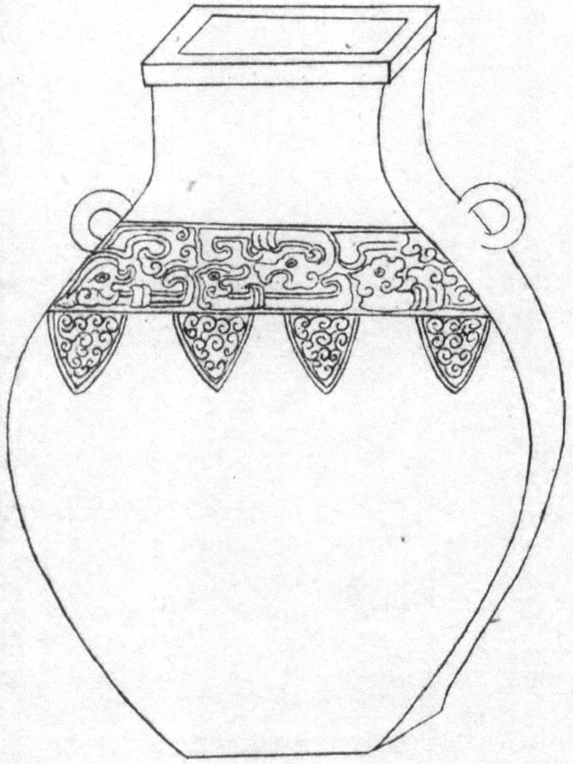

右高九寸五分深九寸四分口縱二寸五分橫三寸五分腹圍一尺八寸二分重八十八兩

周蟠夔尊七

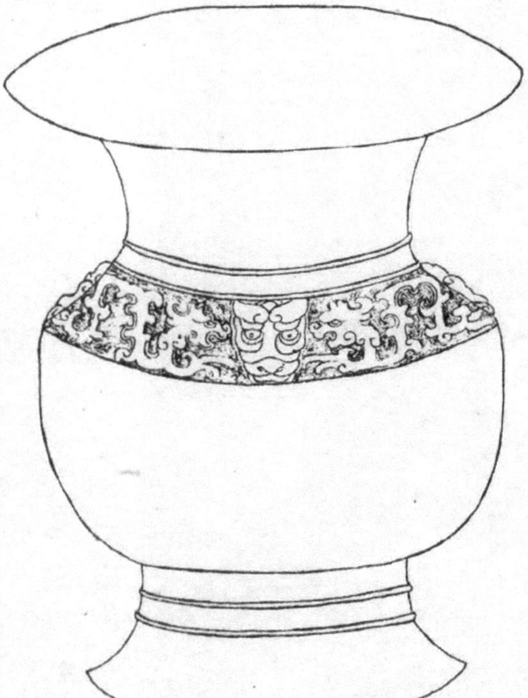

右高九寸三分深七寸五分口徑八寸三分腹
圍二尺四寸五分重一百十三兩

周蟠夔尊八

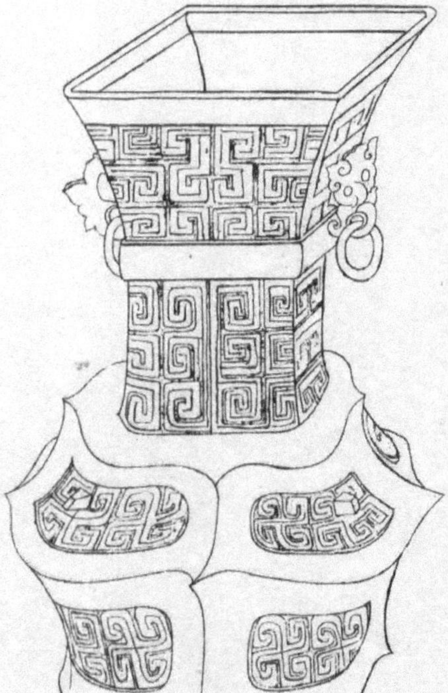

右高一尺深八寸一分口徑三寸六分腹圍一
尺六寸五分重六十六兩

周蟠夔尊九

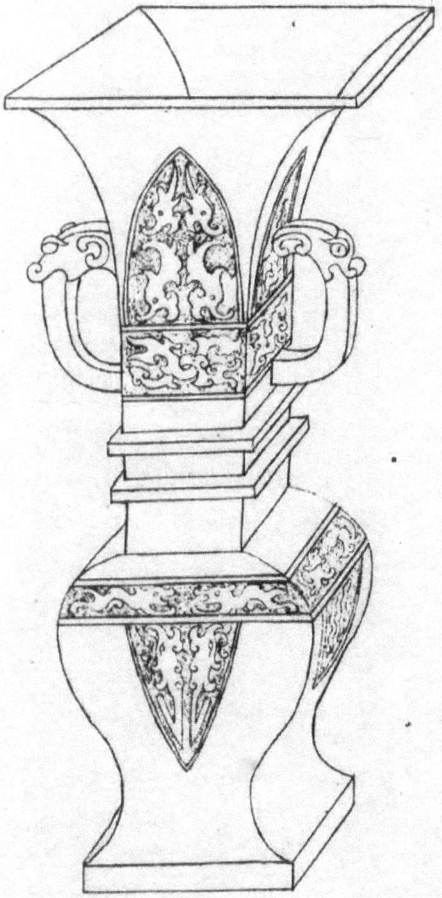

右高一尺九分深九寸八分口徑四寸七分腹
圍一尺三寸五分重五十六兩

周鳳紋尊一

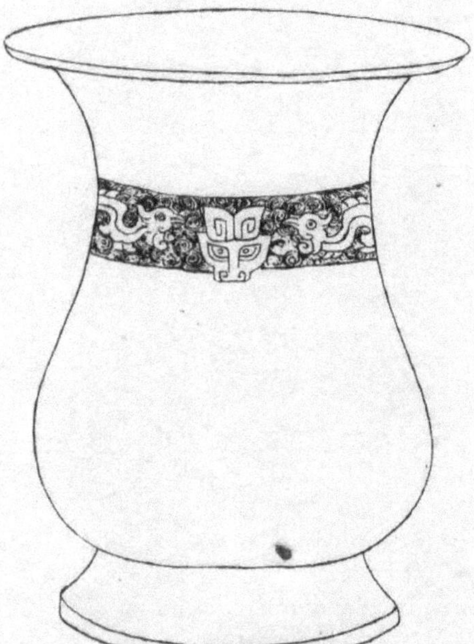

右高五寸三分深四寸六分口徑五寸五分腹
圍一尺三寸重四十三兩

周鳳紋尊二

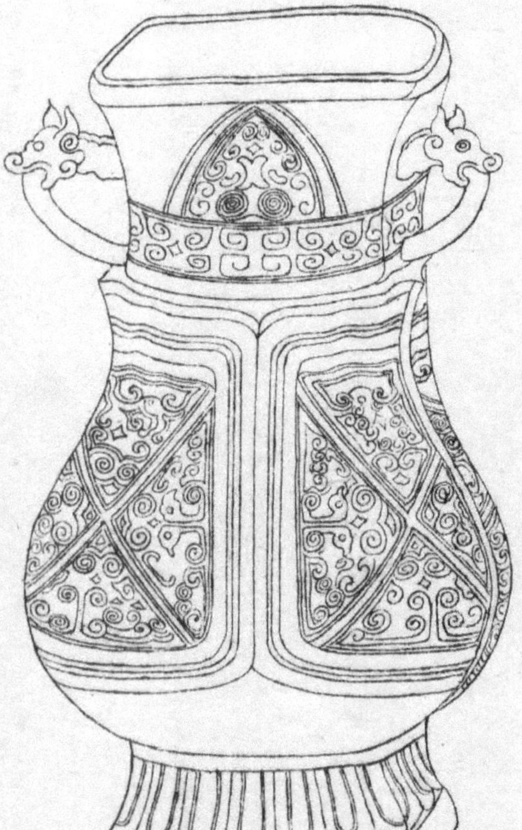

右高八寸二分深六寸六分口縱三寸一分橫
三寸六分腹圍一尺五寸重八十四兩金銀錯

周夔紋尊

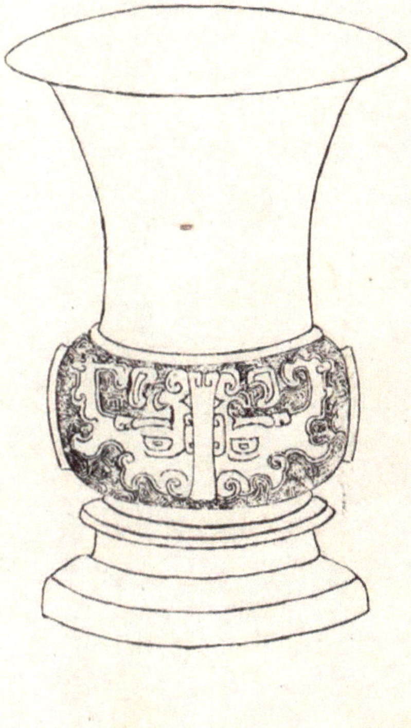

右高五寸七分深四寸五分口徑四寸八分腹
圍一尺重四十三兩

周環紋尊

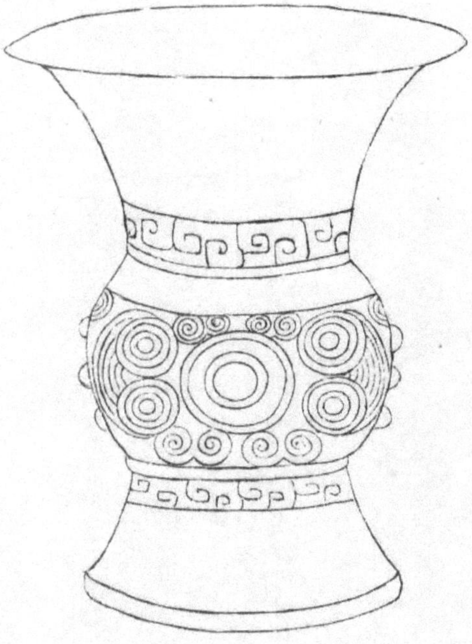

右高七寸二分深五寸口徑六寸九分腹圍一尺四寸七分重八十三兩

周絡紋尊

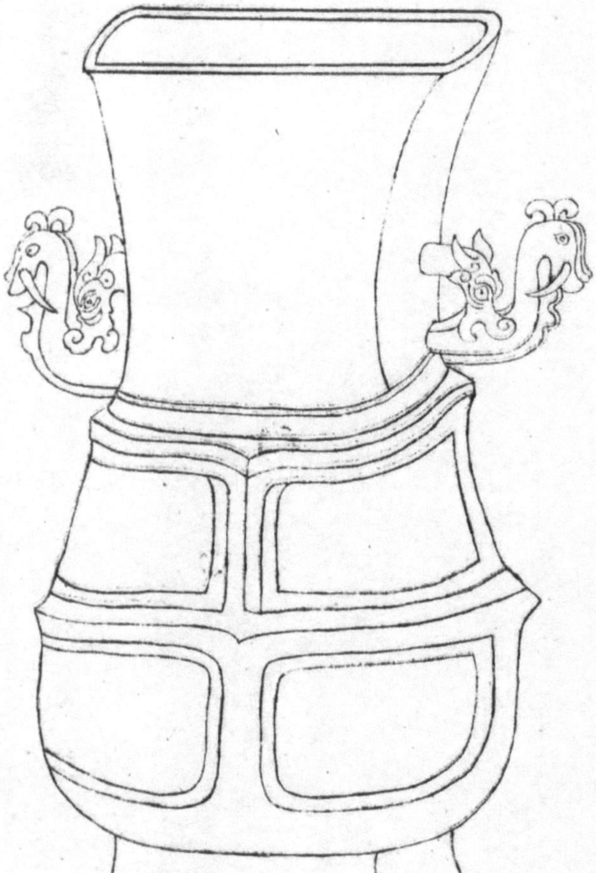

右高一尺七寸七分深一尺四寸九分口縱五寸三分橫六寸八分腹圍二尺九寸三分重三百九十五兩

周綯紋尊

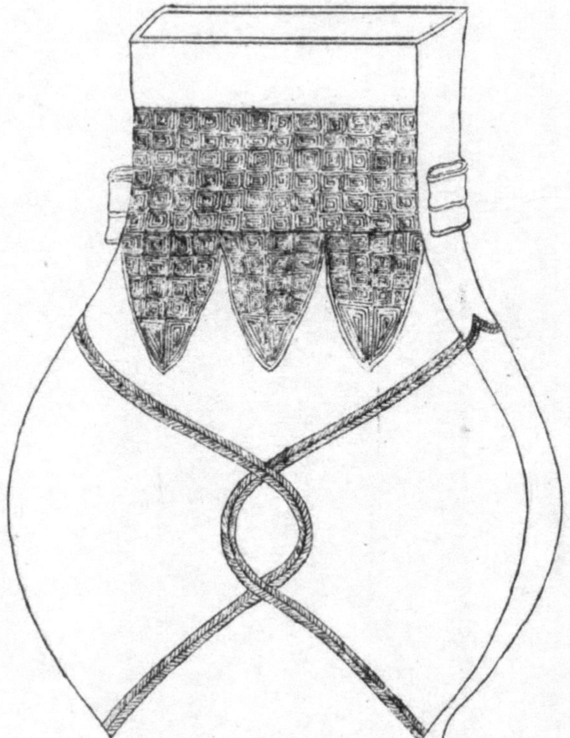

右高八寸九分深八寸五分口縱一寸一分横
三寸八分腹圍一尺七寸五分重七十二兩

周弦紋尊

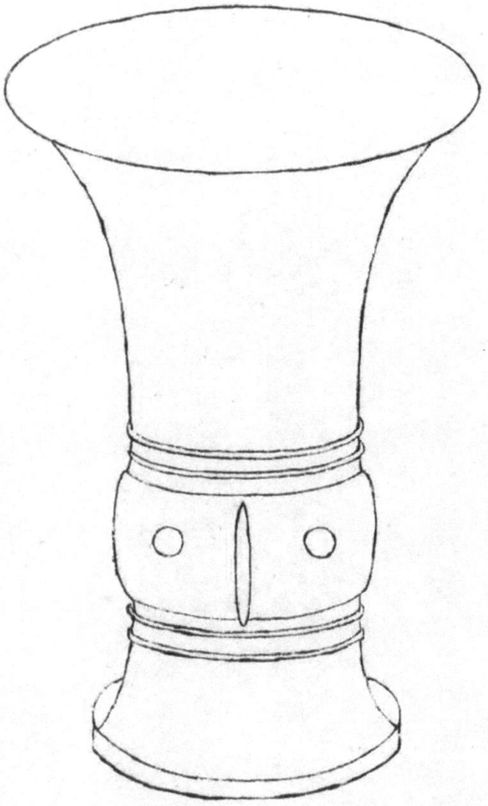

右高八寸三分深六寸三分口徑六寸七分腹
圍一尺一寸一分重六十九兩

周蟬紋尊

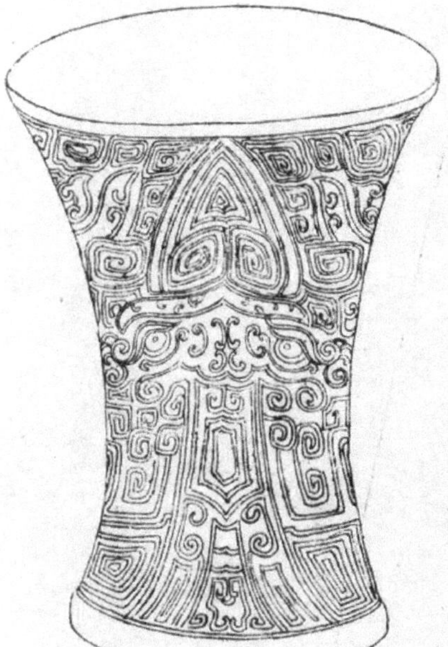

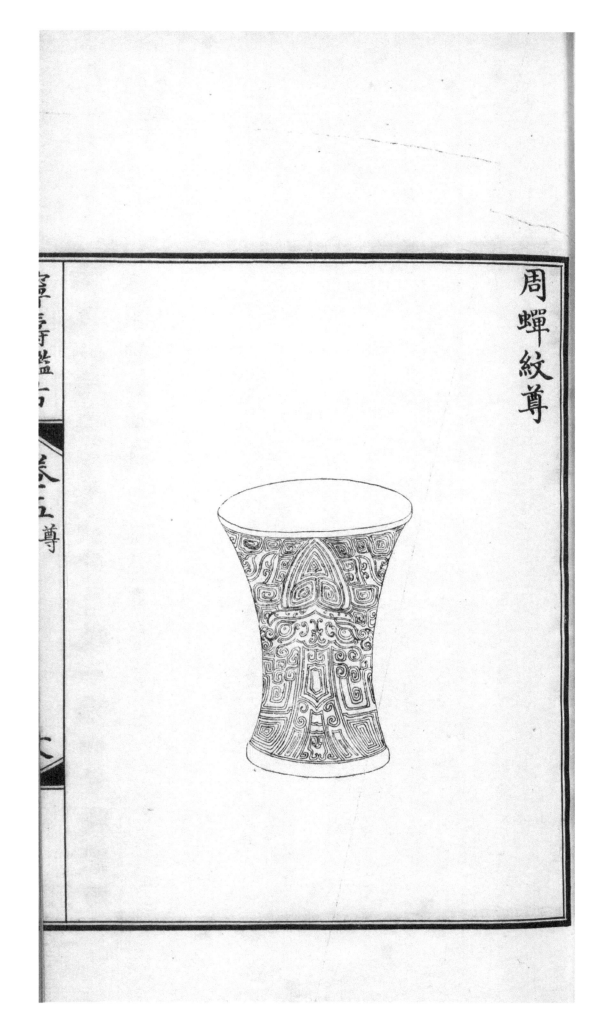

右高三寸深二寸八分口徑二寸四分腹圍四寸五分重七兩

周素尊

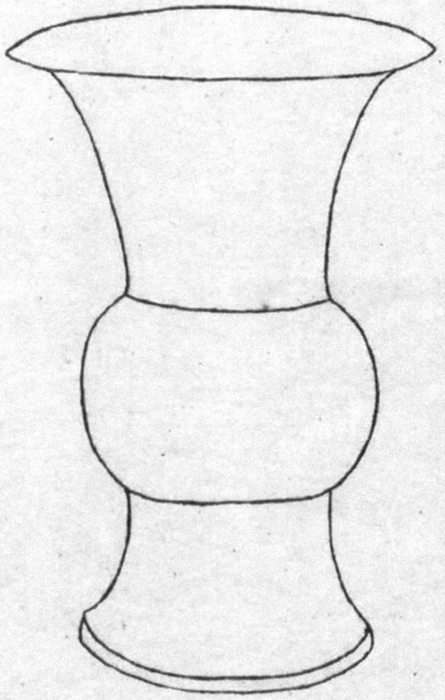

右高六寸七分深五寸二分口徑六寸腹圍一
尺二寸二分重四十七兩

漢芝鹿尊

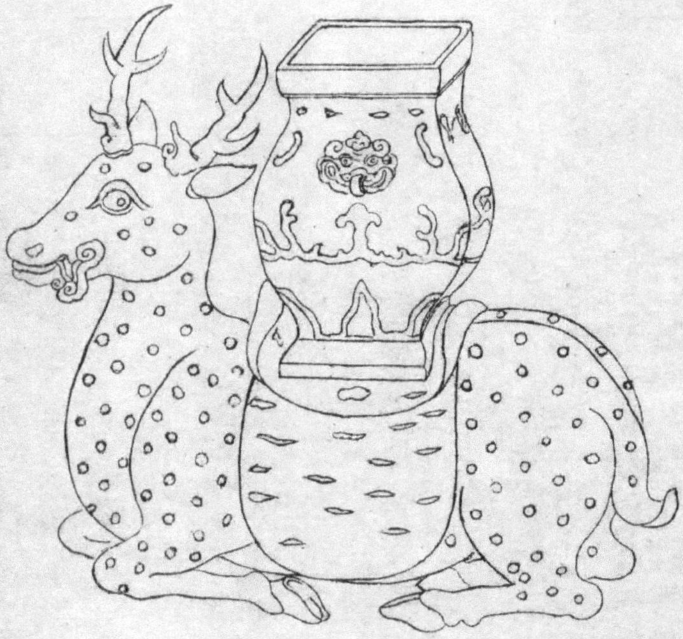

右高五寸深二寸五分口縱一寸二分通長五
寸八分濶二寸五分重七十二兩金錯

漢夔鳳尊

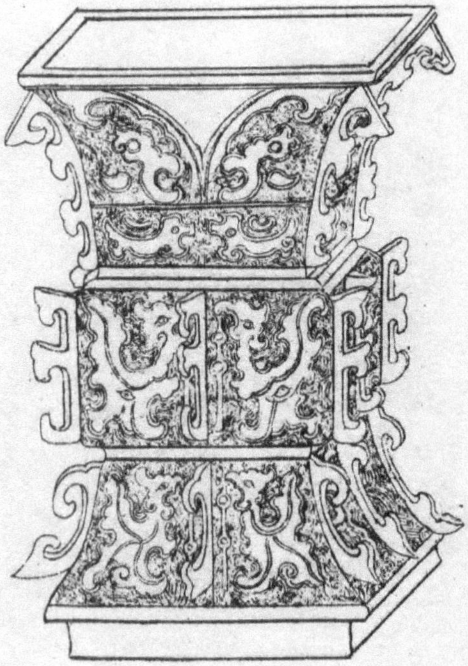

右高五寸六分深五寸一分口徑三寸六分腹
圍一尺一寸四分重五十四兩

漢天雞尊一

右高七寸一分深四寸五分口徑二寸六分通高四寸五分濶二寸四分重四十兩按爾雅鶾天雞郭注引逸周書曰文鶾似彩雞成王時蜀人獻之尊之飾其此類歟

漢天雞尊二

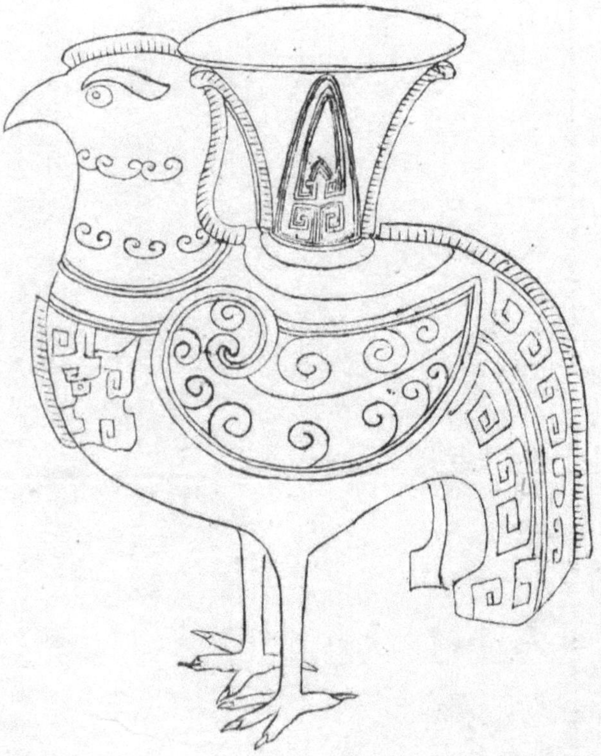

右高五寸三分深三寸六分口徑二寸一分通長四寸六分闊二寸三分重二十二兩

漢雞尊

右高四寸八分深四寸口徑二寸三分通長四寸二分濶二寸輪各徑二寸七分重二十八兩

漢鳩尊

右高八寸四分深七寸口徑三寸五分通長七寸二分濶四寸重九十一兩案西清古鑑有鳩尊謂非祭祀之器蓋周官羅氏仲春獻鳩以養國老陸璣詩疏引禮儀志曰仲秋按户校年老者授以杖其端刻鳩形尊之取義或以此

漢鳧尊一

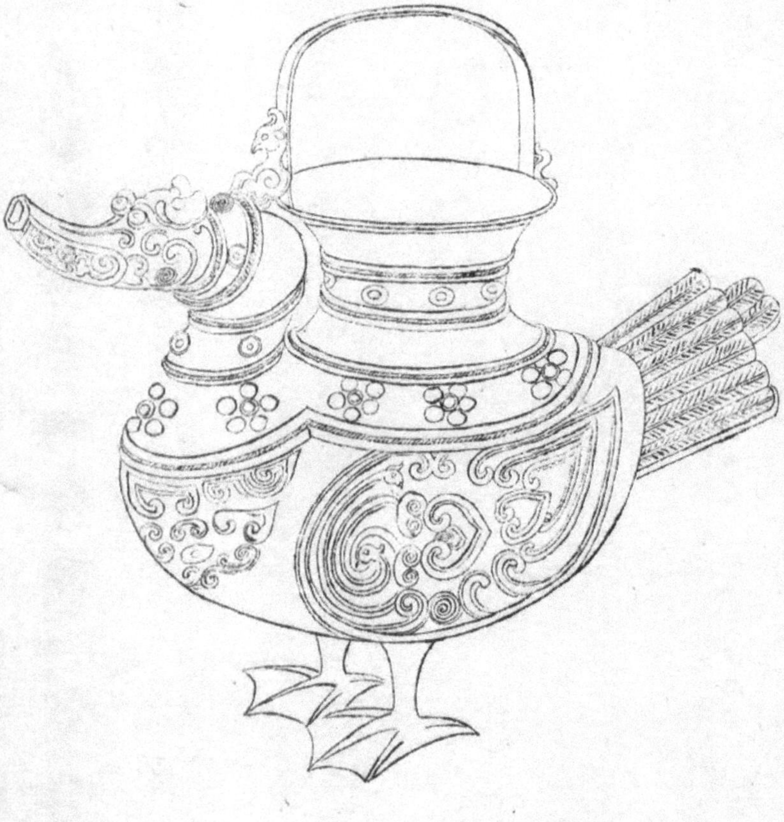

右高七寸五分深五寸八分口徑三寸四分通
長一尺一寸五分闊四寸一分重一百八兩以
口為流有提梁金銀錯

漢鳧尊二

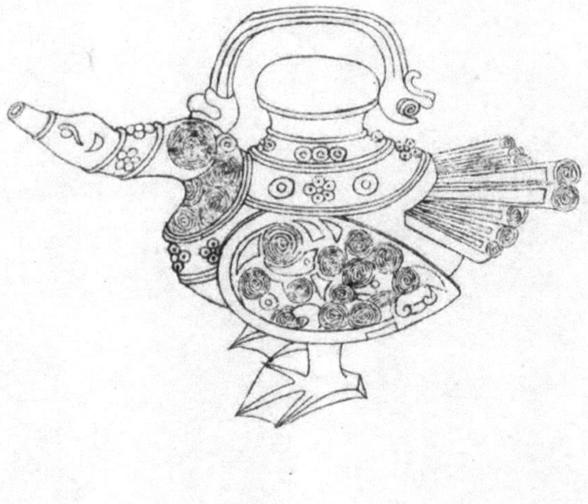

右高二寸五分深一寸八分口徑一寸通長四寸四分濶一寸五分重十一兩有半有流有鎏金銀錯

漢犧尊一

右通蓋高五寸六分耳高一寸七分濶八分深
三寸口徑二寸通長一尺五分濶四寸一分重
一百三十九兩金銀錯

漢犧尊二

右通盖高五寸六分耳高一寸七分濶八分深三寸口徑二寸通長一尺五分濶四寸一分重一百三十九兩金銀錯

漢犧尊二

右通蓋高一尺二分深四寸口縱二寸八分橫三寸五分輪徑各五寸四分通長一尺四寸九分濶五寸重三百三十一兩

漢犧尊三

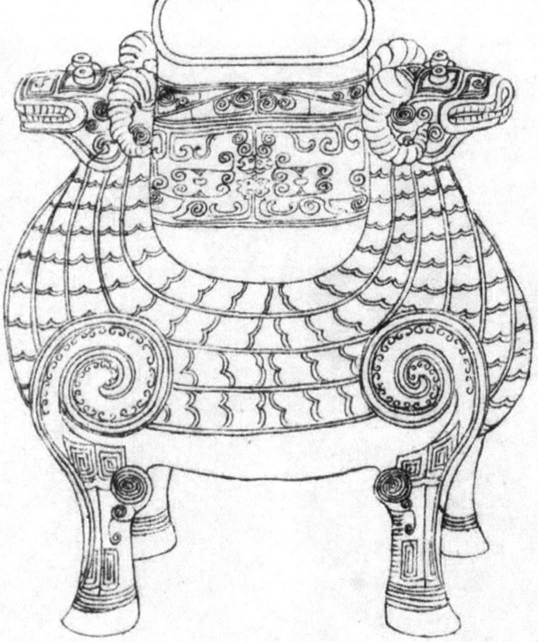

右高五寸一分深四寸口縱一寸六分橫一寸
八分通長五寸三分闊二寸五分重三十八兩
金銀錯

漢犧尊四

右高五寸六分耳高六分濶七分深五寸四分
口縱二寸三分横二寸六分通長七寸四分濶
二寸八分重八十二兩金銀錯翡翠為飾案周
禮鄭司農注曰犧尊飾以翡翠聶崇義三禮圖
引詩毛傳用沙羽以飾尊謂沙讀如娑刻鳳於
尊其形娑娑然者非也

漢饕餮尊

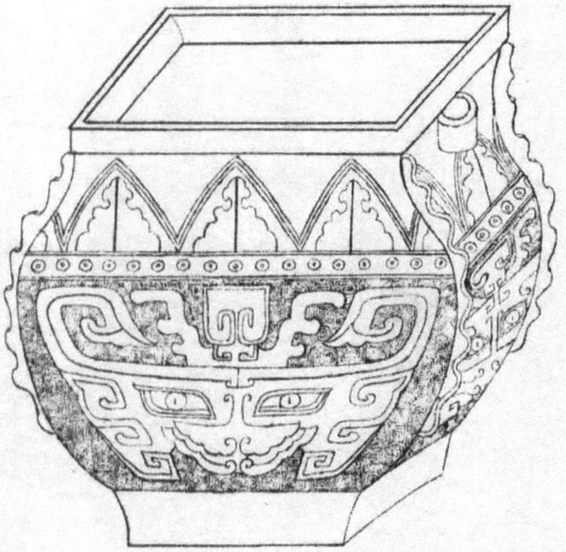

右高三寸一分深二寸九分口縱二寸七分横亦如之腹圍一尺二寸八分重二十二兩

漢獸耳尊

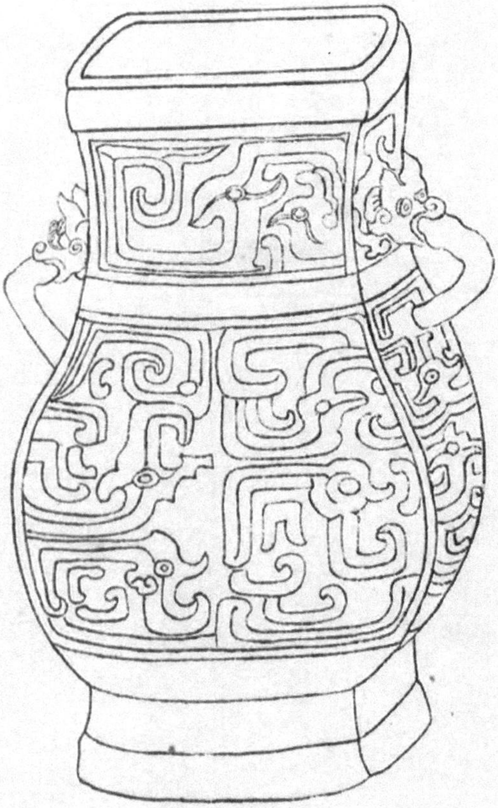

右高五寸二分深四寸三分口縱二寸橫二寸
三分腹圍九寸二分重三十八兩

漢虎尊

右高五寸七分深五寸口縱三寸橫三寸三分
通長九寸一分濶三寸二分重七十五兩

漢垂雲尊

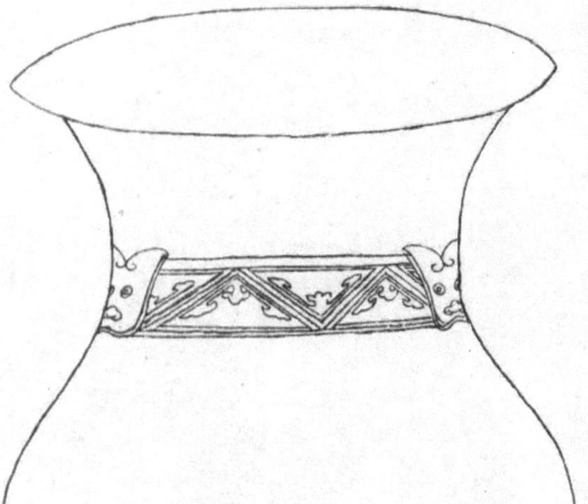

右高六寸四分深五寸口徑四寸八分腹圍一尺六寸九分重七十一兩

漢雲紋尊

右高二寸三分深二寸口徑一寸五分腹圍二寸四分重三兩金銀錯

漢雷紋尊

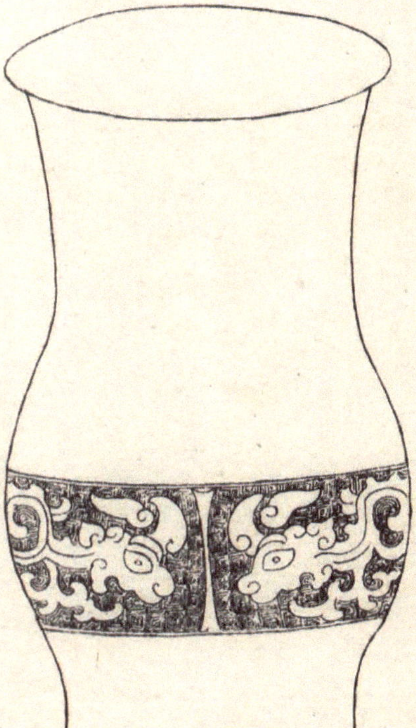

右高六寸三分深五寸口径四寸腹圍一尺六
分重五十七兩

漢夔紋尊

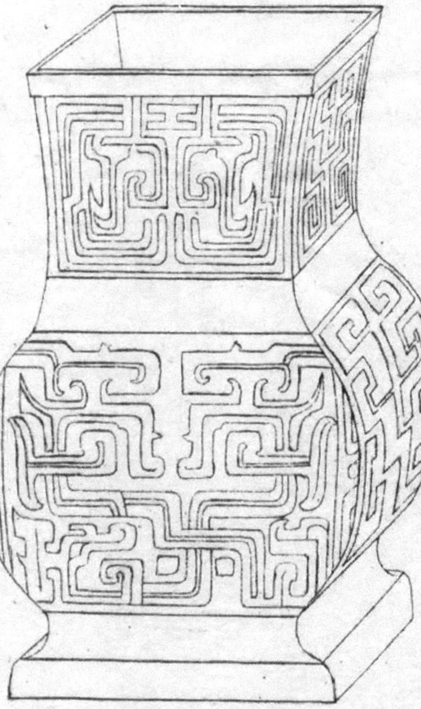

右高四寸九分深四寸三分口縱一寸四分橫二寸腹圍九寸八分重二十兩

漢蟬紋尊

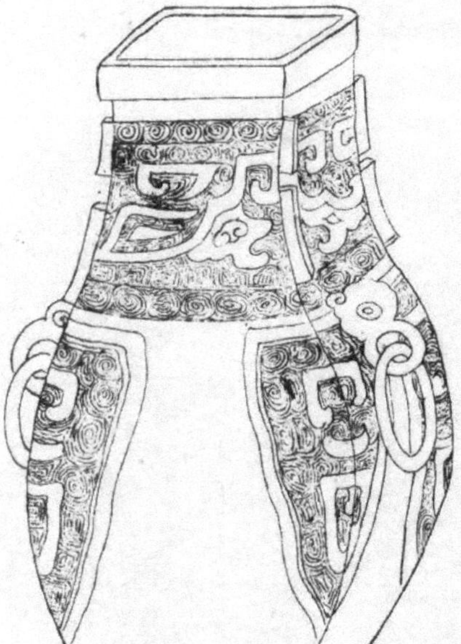

右高五寸五分深四寸六分口縱一寸三分横亦如之腹圍七寸八分重十八兩

唐天雞尊

右高三寸七分深三寸五分口縱一寸八分橫二寸二分通長三寸六分濶二寸重二十兩金銀錯

寧壽鑑古卷六目録

罍

周

漢

蟠夔罍二

彝

商

父乙彝有銘

父癸彝有銘

周

宗寶方彝有銘

伯彝有銘

舉彝有銘

執物彝有銘

舟

周

雷紋舟二

蟠虺舟

素舟一

素舟二

素舟三

素舟四

周蟠虺罍

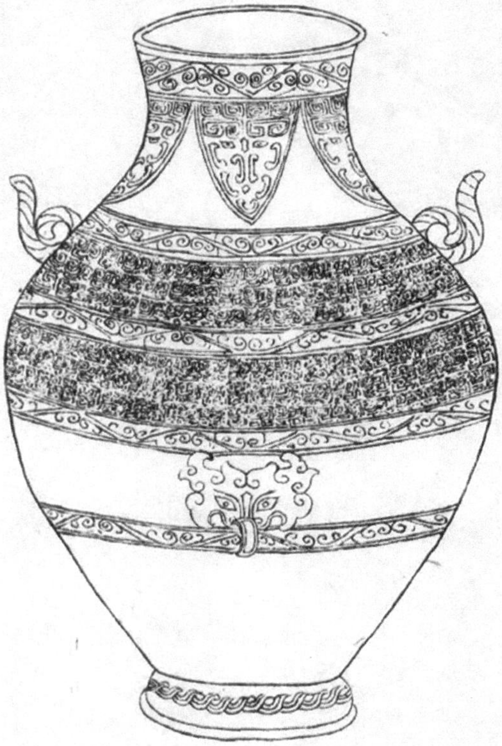

右高八寸二分深七寸五分口徑二寸九分腹
圍一尺八寸二分重六十四兩金銀錯

周犧首罍

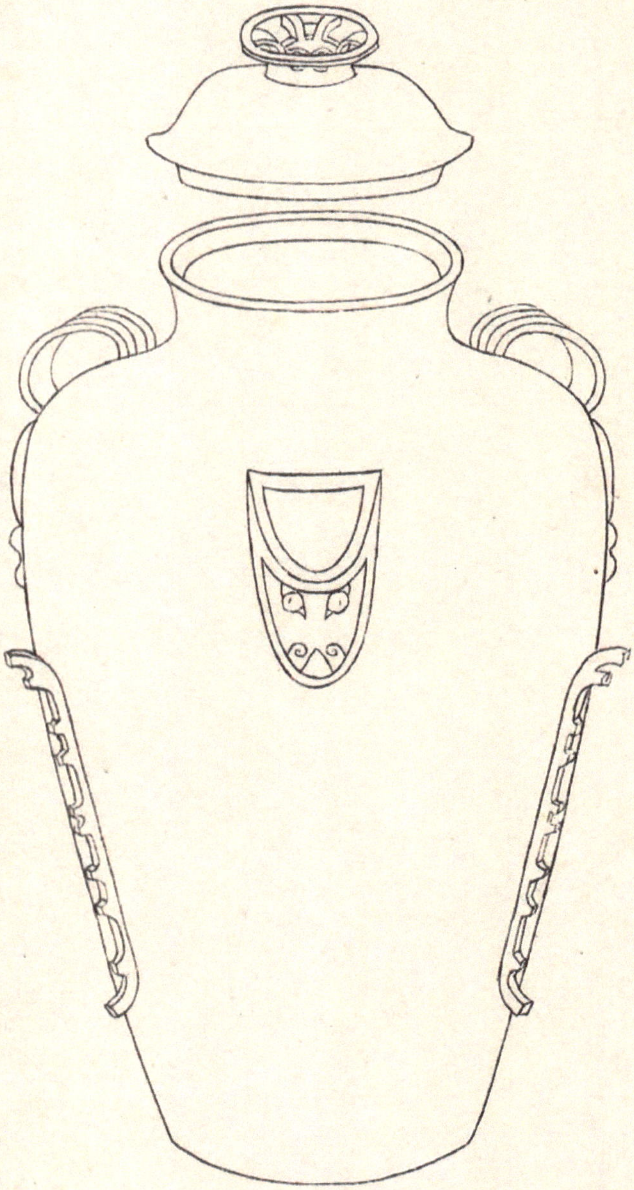

右通盖高一尺六寸六分深一尺四寸三分口
徑四寸腹圍二尺六寸八分重二百三十九兩

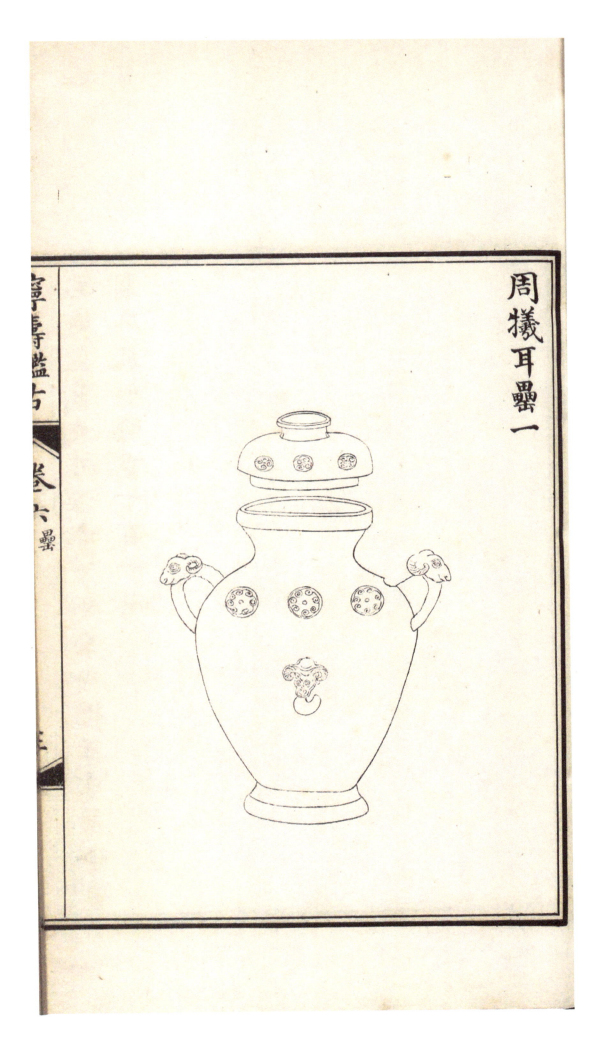

周犧耳罍一

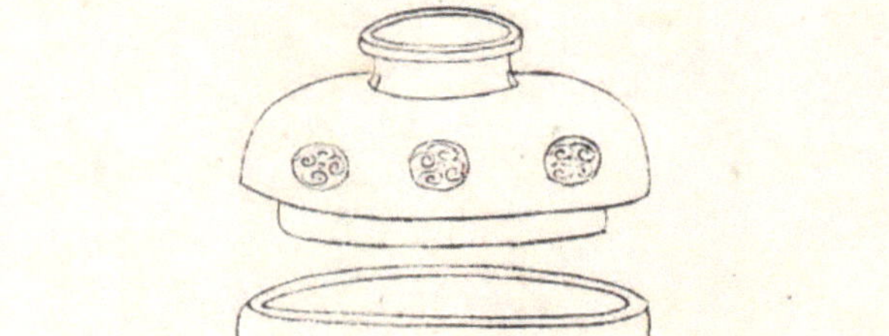

右通蓋高九寸深六寸四分口徑三寸七分腹
圍二尺一分重一百一兩

周犧耳罍二

右高一尺二寸一分深一尺一寸五分口徑五寸三分腹圍三尺九分重一百五十四兩

漢夔鳳罍

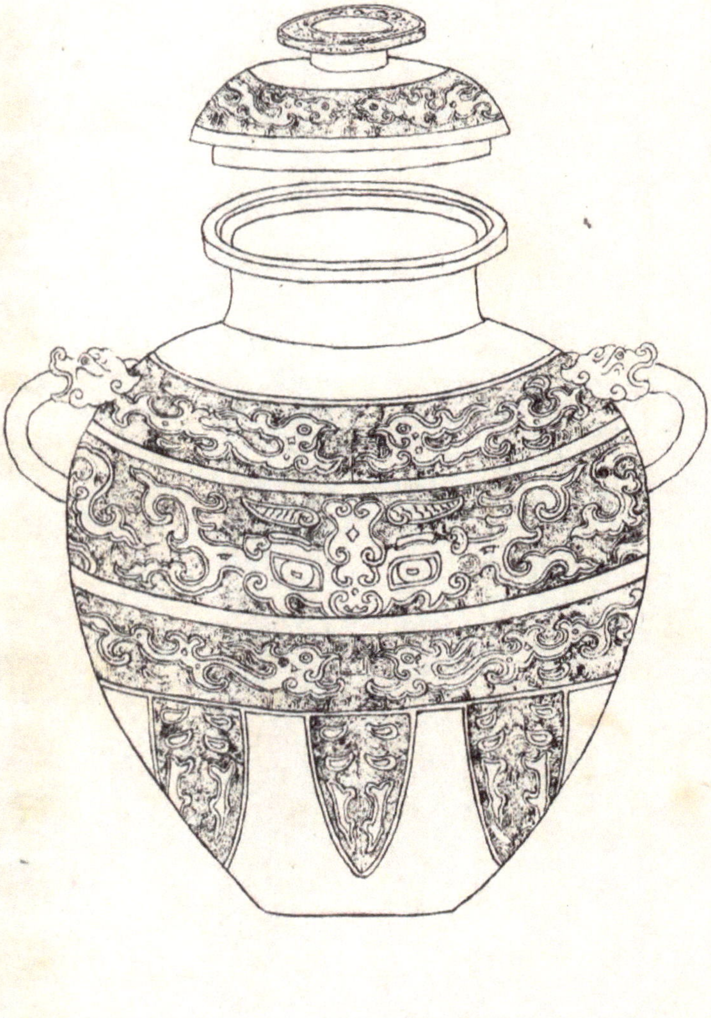

右通蓋高一尺一寸八分深九寸六分口徑五寸九分腹圍三尺一寸八分重三百十五兩金銀錯

漢蟠夔罍一

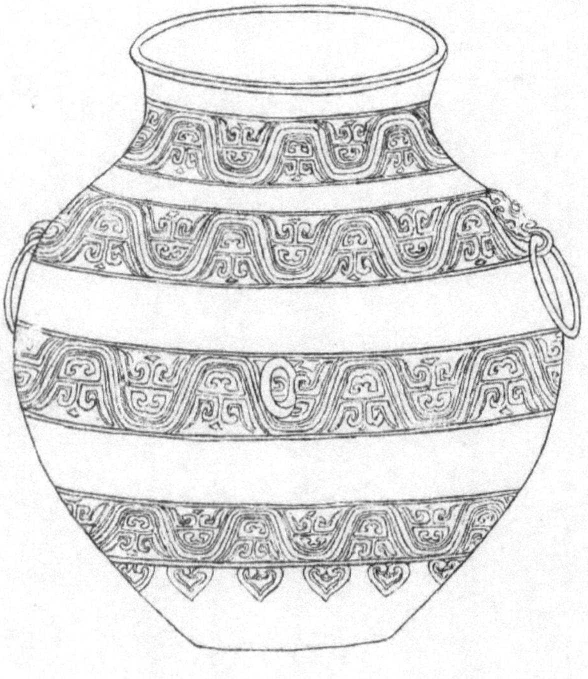

右高九寸一分深八寸九分口徑四寸七分腹
圍二尺七寸重一百五十兩

漢蟠夔罍二

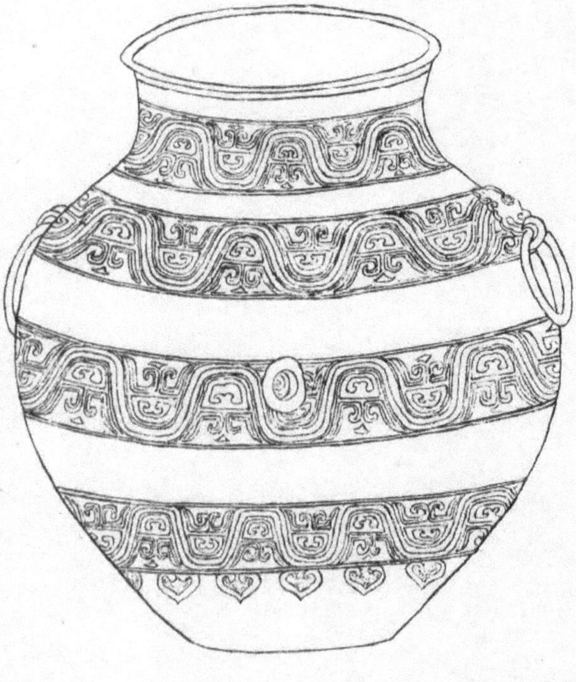

右高九寸一分深八寸九分口徑四寸七分腹
圍二尺七寸重一百五十兩

商父乙彝

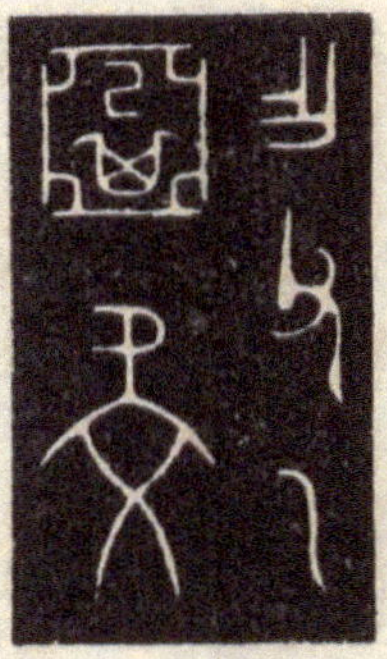

作父乙
亞形中㠱虘

右高三寸九分深三寸五分口徑四寸六分腹圍一尺九寸七分重五十六兩亞形中字與鐘鼎款識所載杞公匜同薛尚功曰㠱古國名衛宏以為即杞字下一字為虘見劉原父楊南仲所釋晉姜鼎銘祡杞封於陳留風俗通曰陳留有虘氏據銘當為杞國物然說文有㠱字許慎

說讀若杞玉篇訓長跪也或作跽則擎跽而虔
敬與祭祀之義亦通

商父癸彝

子○作父癸
寶尊彝

右高四寸三分深三寸口徑五寸八分腹圍一尺五寸八分重四十六兩銘詞與鐘鼎款識父已尊相類子下一字如嘯堂集古録所載祖丙爵之孫字而漫漶不甚明

周宗寶方彝

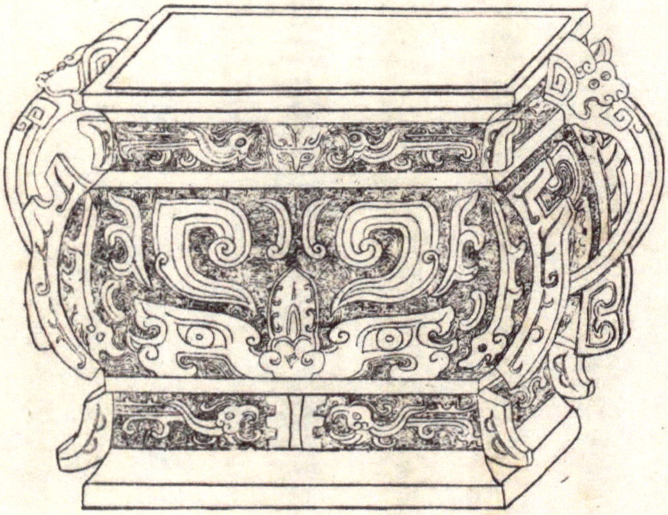

作宗寶尊彝
其孫孫子子永用

右高四寸二分深三寸二分口縱三寸四分橫
四寸三分底縱三寸三分橫四寸重五十八兩
案說文宗尊祖廟也徐鼎臣曰宗廟神祇所居
故宗從示示即古祇字邢昺白虎通注曰宗者
本也廟號不遷最尊者祖次曰宗又鐘鼎款識
單癸卣銘曰夙夕享爾宗乃禮記所稱大宗小

宗之類此銘宗寶尊彝則宗廟之常器亦周官
六彝類也

周伯彝

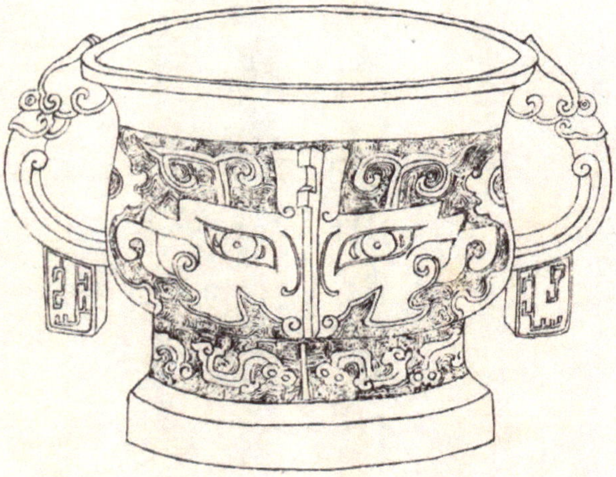

伯作彝

右高三寸一分深二寸口徑三寸六分腹圍一尺九分重二十四兩鼎彝銘伯者舊說以為伯仲之次而為爵為名為姓亦有之俱詳周伯鼎說

周舉彝

舉

右高六寸二分深四寸六分口徑八寸三分腹圍二尺六寸五分重一百七十兩塗金

周執物彝

手執物形

右高三寸七分深三寸三分口徑五寸五分腹圍一尺七寸二分重四十五兩銘與西清古鑑執物卣相類執輕如不克執虛如有盈亦敬謹之意

周饕餮彝一

右高四寸五分深三寸口徑五寸八分腹圍一尺七寸七分重七十二兩

周饕餮彝二

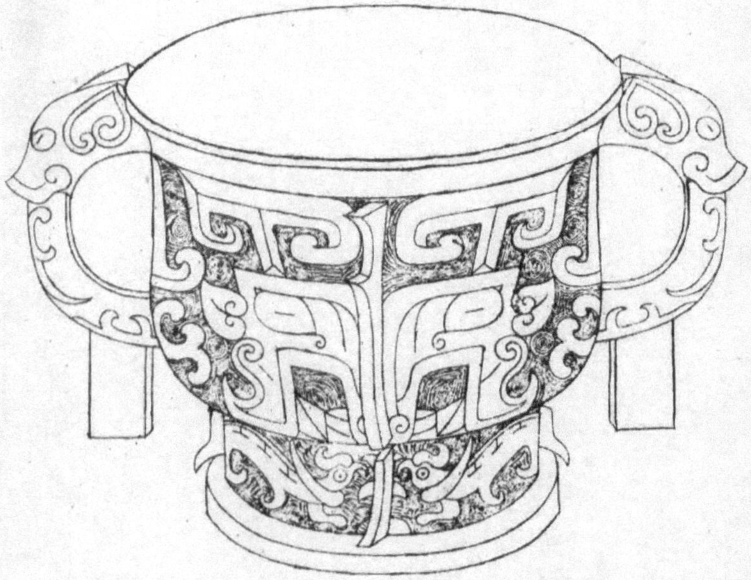

右高四寸四分深三寸口徑五寸八分腹圍一
尺七寸重六十八兩

周饕餮彝三

右高一寸九分深一寸五分口徑二寸五分腹
圍七寸九分重十四兩金銀錯

周饕餮彝四

右高四寸五分深三寸二分口徑五寸七分腹
圍一尺七寸五分重七十九兩兩耳有珥

周雷紋彝

右高三寸三分深二寸五分口縱五寸橫六寸二分腹圍一尺九寸八分重五十八兩

周夔紋彝

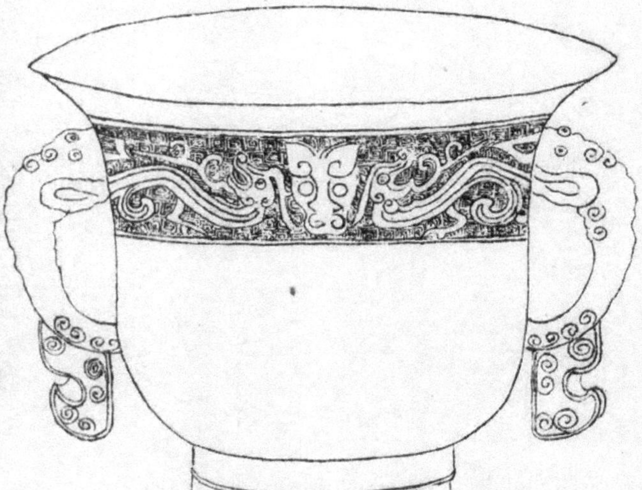

右高五寸一分深三寸七分口徑七寸五分腹
圍一尺六寸八分重五十二兩

周環紋彝

右高三寸八分深二寸五分口徑五寸八分腹
圍一尺四寸三分重三十四兩

周雷紋舟一

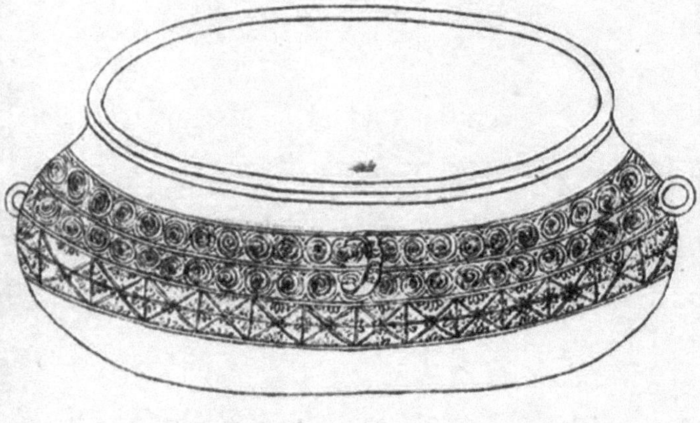

右高二寸五分深二寸二分口縱三寸四分橫四寸二分腹圍一尺三寸六分重十六兩

周雷紋舟二

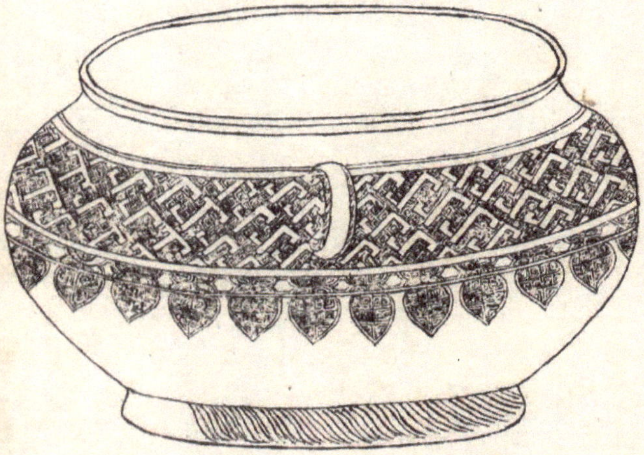

右高二寸七分深二寸四分口縱三寸五分横

四寸腹圍一尺三寸五分重十八兩

周蟠虺舟

右高三寸四分深二寸八分口縱三寸二分橫
三寸九分腹圍一尺三寸三分重十四兩

周素舟一

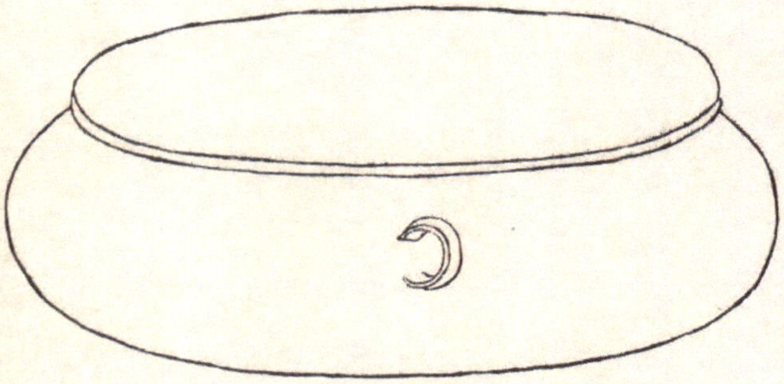

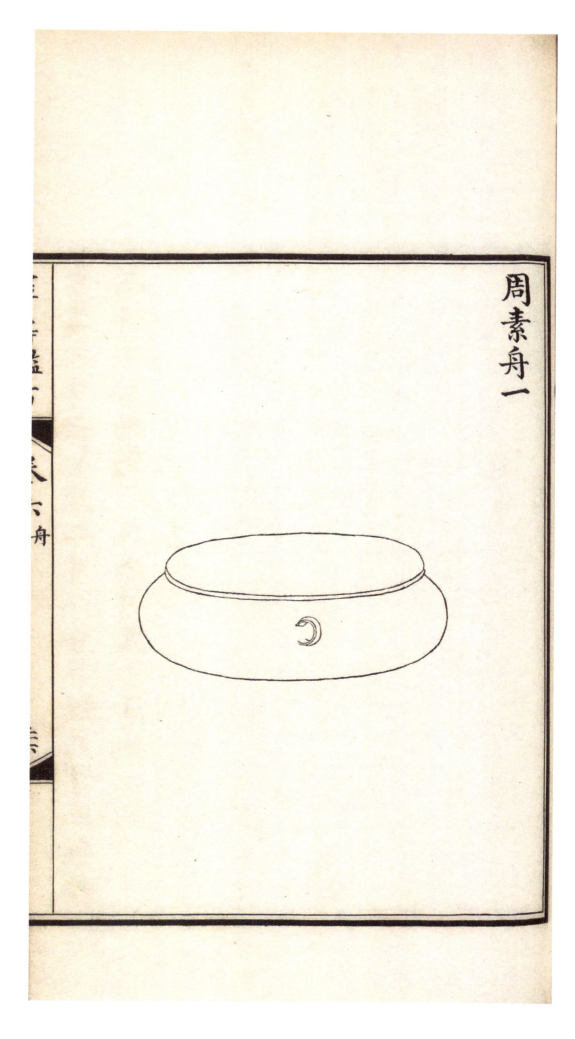

右高二寸三分深二寸二分口縱四寸一分橫五寸五分腹圍一尺七寸重二十兩

周素舟二

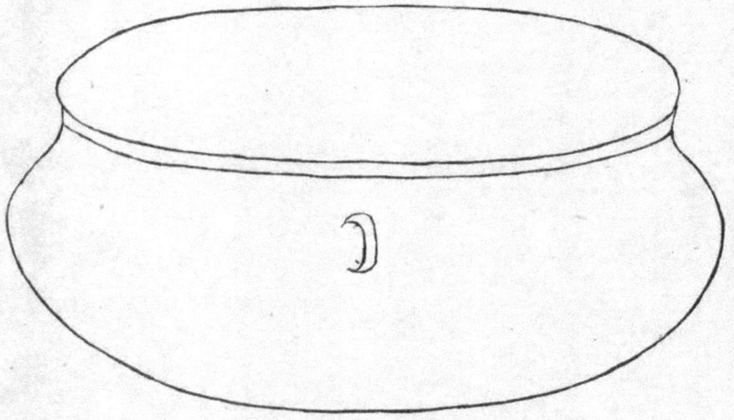

右高二寸三分深二寸一分口縱四寸横五寸四分腹圍一尺六寸六分重十三兩

周素舟三

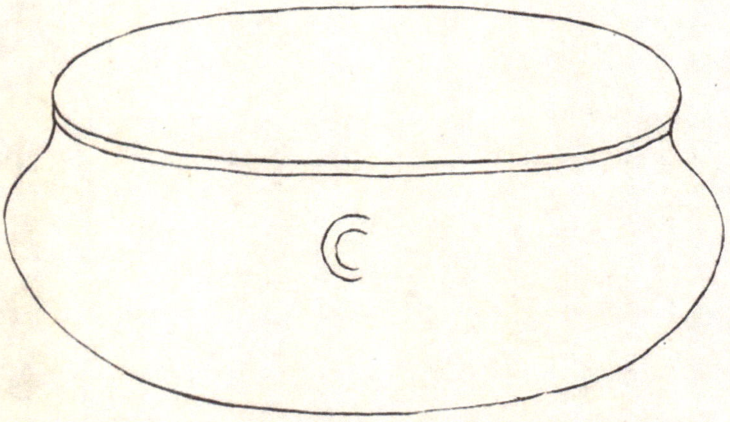

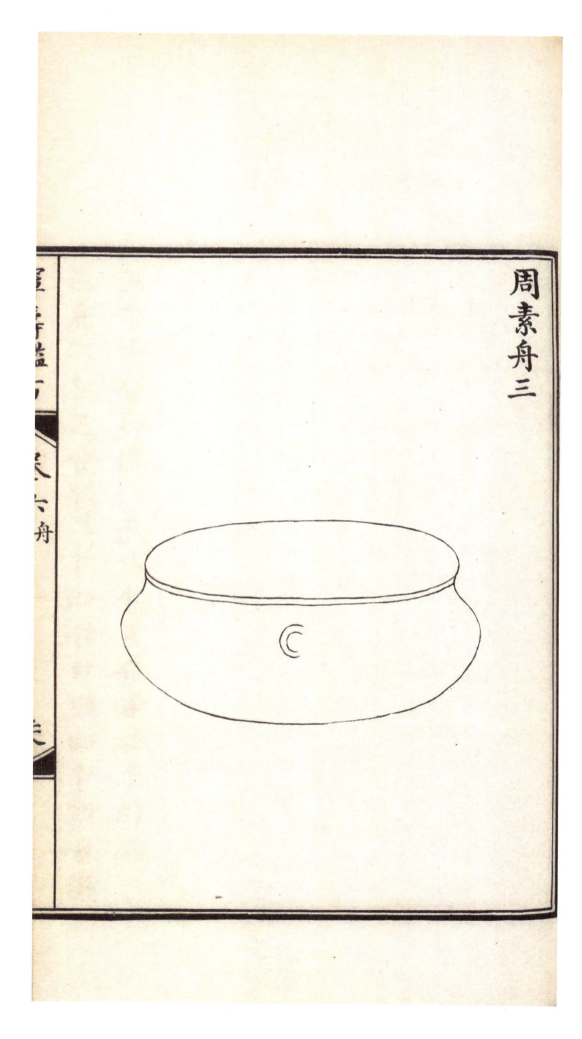

右高二寸五分深二寸四分口縱四寸四分橫
五寸七分腹圍一尺七寸五分重二十四兩

周素舟四

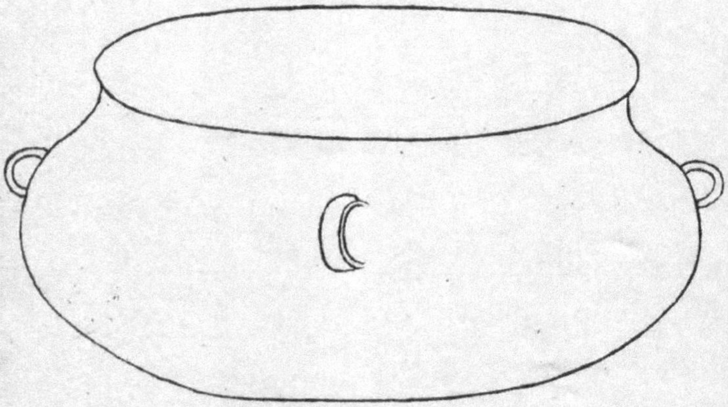

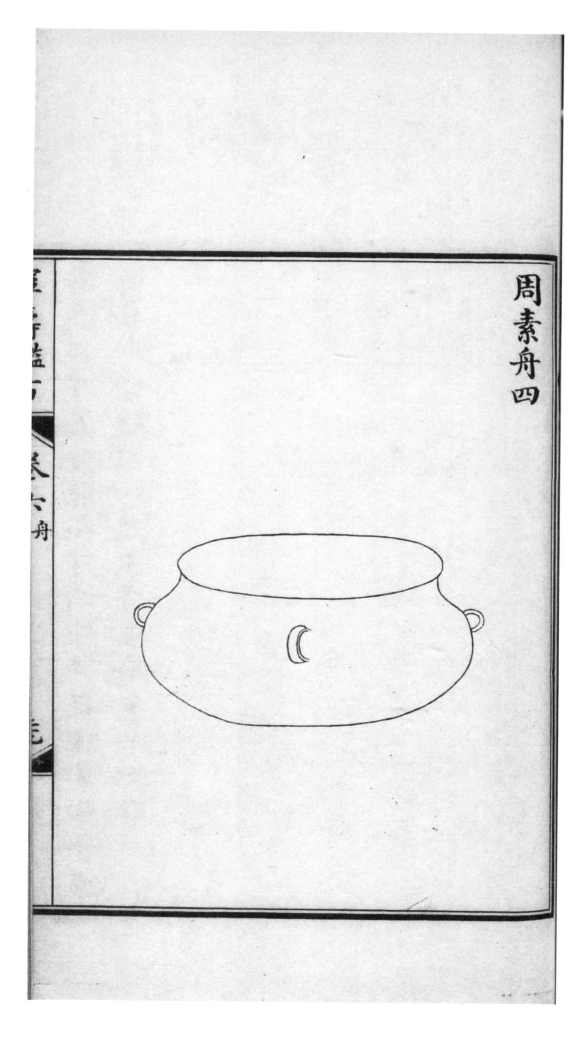

右高二寸五分深二寸四分口縱三寸三分橫四寸一分腹圍一尺三寸八分重十四兩